偉大父母的家教術

凡人能學的育兒書

66 位來自各個領域的知名大人物，
他們的成長背景截然不同，卻有一個共通點──良好的家庭教育

目錄

曾參：不打誑語，樹立威信

孩子佩服你，敬愛你，用不著施加壓力，也願意聽從你的指導，這就是父母威信的教育力量。那麼家長如何不費力氣就「收服」孩子呢？早在2,000多年前思想家曾參樹立家長威信的做法，對焦急的父母們或許有一些啟示。

▌智趣故事

曾參是春秋時期著名的思想家，孔子的主要弟子之一。他向來強調做人要誠實，以身作則，並且以此來教育兒子。在他看來，父母是孩子的榜樣，父母的言談舉止對孩子都有很大的影響。

一天，私塾館裡放假，妻子見曾參回家，就決定去集市買條魚。兒子一聽媽媽要去趕集，就纏著要跟她一起上街，妻子漫不經心地順口哄他：「別纏我，媽媽回來殺豬給你吃。」兒子一聽說要殺豬，這才鬆了手，跑到一邊玩去了。

一旁的曾參眉頭皺了起來，他看看養了還不到三個月的小豬，充其量才二十幾斤。他知道妻子說這話，只是開個玩笑，哄哄孩子，事情一過，孩子就會忘了。然而曾參卻不這樣想，他認為，父母對孩子說話不算數，就是欺騙孩子，孩子就會覺得可以同樣欺騙別人，更重要的是，父母的威信也會降低，於是他決定兌現妻子的諾言。

父子兩個正要動手殺豬的時候，妻子回來了，見此情景氣呼呼地連忙上前阻攔：「你這是幹什麼啊？」一旁的兒子聽到母親不殺豬了，「哇」地

放聲大哭起來。曾參對妻子說：「妳剛才不是答應兒子殺豬的嗎？」妻子回答：「我只不過是跟孩子說著玩的，又不是真的要殺豬啊！」曾參解釋道：「小孩子的心靈純潔無瑕，全靠父母教誨，在孩子面前說謊，就會在他的心目中失去威信，妳以後再說什麼，孩子都不會相信了，所以我們一定要說到做到啊！」一席話使妻子明白了曾參的用心良苦。

曾參言傳身教，樹立威信，終於把兒子培養成了一個像父親一樣誠實篤定的人。

▌歷史評說

「威信」教子可以發揮不怒自威的作用。曾參一向強調自身對子女的影響，因此他十分注重在孩子的心目中樹立父母的威信。

身為孔子的弟子，曾參學問淵博，自然在孩子面前很有威嚴。另外，他深知「言不信」、「行不果」，將喪失教育子女的說服力，所以當妻子搪塞兒子的時候，曾參認為許諾就要兌現，說到做到。因為倘使孩子產生不信任的想法，父母不僅有可能把孩子「調教」成「謊言大師」，還要面臨失去威信的危險，無疑為日後的教育增加難度。

所謂「威信」，就是威望和信用。父母的威信是對子女進行教育的基礎，一般來說，父母在孩子心中的威信越高，他們的教育作用也就愈大，也愈受孩子的歡迎。實驗證明：如果父母有威信，不用講多少道理，孩子也能聽從教導；如果父母沒有威信，即便是態度嚴肅，或者威逼利誘，孩子也會把他們的話當作耳邊風，剛從左邊進，又從右邊出。

父母的威信主要表現在：孩子尊重、愛戴、敬佩家長；父母對孩子提出的要求，孩子能自願地、毫不勉強地接受。而這些感情的存在，都要源自於父母的「身教」。一個滿口汙言穢語的父親怎能樣讓孩子尊重？

一個只會逛街做美容的母親如何讓孩子敬佩？一對整日只會嘮叨「好好學習」，自己卻日夜奮戰在麻將桌旁的父母，又怎能教育出「天天向上」的孩子？

「父母無論裝得多麼了不起，只要他們在『背後的形象』中，存在不嚴肅生活方式的真面貌，那麼，孩子將不會發自內心尊重父母。」很多家長或許沒有發現，自己已經面臨著「威信危機」，以為自己還在「管」著孩子，在孩子面前還「威風」得很呢。

美國的教育學家也曾經提出，19世紀的美國父母在子女面前曾有過良好的威信，可是今天，他們中的不少人儘管靠恐嚇、哄騙和收買來控制孩子，但仍然難以「降伏」。

一項調查發現：小學生崇拜父母的比例占 16.98％，國中生降為 12.18％，高中生只有 7.14％。這組隨著年齡增加而明顯減少的數字說明了一個現象：家長們在子女面前樹立威信的時候並不成功。

慧寶良方

父母的威信始終是一種無形的教育力量，不能因此而放棄了自己的權威。那麼如何重新幫助父母再塑威嚴，讓孩子自覺接受父母的言傳身教呢？

有廣博的知識

孩子在成長過程中總是不斷地提出問題，不斷地進行探索。作為父母必須具備豐富廣博的知識來滿足孩子們的求知欲和上進心。在一份「你希望爸爸媽媽平時做些什麼」的問卷上，孩子們最多的答案是：「多知道新聞和國家大事」、「能夠學會上網」、「他們能和我一起學習外語和電腦」。

可見，父母良好的修養及文化知識對孩子讀書習慣的養成不但有極大的幫助，同時父母也會在孩子心目中獲得較高的威信。

有穩定的情緒和態度

沒有穩定的情緒，就談不上權威。有的家長對孩子的態度沒有原則，全憑自己高興與否：不高興，沒錯也要批評一頓；高興，再錯也一笑置之。這樣的家長看起來很有權威，但卻沒發揮任何教育價值，在孩子眼裡也毫無威信，說不定孩子還會認為家長自己就很「小孩子脾氣」。

避免嘮叨，以身示教

要求過多、過細、過於死板，沒完沒了地指責嘮叨，當然會引起孩子的反感、反抗，甚至會引發一場「持久戰」，這樣無異於有計劃地訓練孩子破壞家長的威信。

事實上，「教育無他，榜樣而已。」家長最好「省」點嘴上的力氣，希望孩子怎麼做，就多用自身的力量來影響他。

言必信，行必果

不守信用的家長是難有威信的。在你隨口說出「好，我答應你」之前，要想一下，你的話一旦出口，意味著什麼？一次次的失信，是摧毀威信最好的武器。

因此，家長不要輕易對孩子許諾，要考慮值不值得許這個諾言？許下了能否實現？即使是因為客觀因素無法實現，也應向孩子說明，取得孩子的理解。

同時，父母嚴以律己，與孩子建立平等、民主的關係，父母之間的和睦、友愛與意見一致等，也會直接影響父母的威信和對孩子教育的效果。

孟子：良好的環境是孩子成長的沃土

俗話說：「入芝蘭之室，久而不聞其香；入鮑魚之肆，久而不聞其臭。」就是說在某個環境中待久了，很容易融入到這個氛圍裡去。其中最典型的例子，恐怕要算「昔孟母，擇鄰處」了。

▌智趣故事

孟子是戰國時期的思想家、教育家，被尊稱為「亞聖」。他早年喪父，全靠母親撫養。孟子的母親仉氏，教育孩子不僅嚴格，而且很有方法，尤其重視社會環境對孩子的影響。

最初他們家住在一個偏僻的鄉村，離家不遠是一個亂葬崗，三天兩頭就有人來上香、燒紙錢、下葬，整天聽到的都是哭啼之聲，看到的都是跪拜磕頭，甚至是裝神弄鬼。有一天，仉氏發現孟子正和玩伴們一起在墳墓間學人家跪拜磕頭，於是把孟子帶回家並告誡他要好好讀書，不要學那些悲哀喪志的事。可是，沒幾天孟子又和玩伴們去墳墓堆玩了。

孟母想，孩子小，天真無邪，可塑性大，一個人教他學好事，總抵不過環境對他的影響，於是就帶著孩子搬家到城裡去了。誰知，這城是個鬧市，車水馬龍，人來人往，打鐵聲、叫賣聲終日不斷，孟子聽著聽著，書就讀不下去了。由於受到潛移默化的影響，孟子竟然怪腔怪調地模仿起賣菜，還把孟母騙了出來。孟母看到孩子的這些舉動，非常憂慮，心想：這樣下去，豈不是分散了孩子的精力，耽誤了他的學習？於是孟母再次下定決心：搬家！

這一次，孟母把家搬到了一所私塾對面。那裡的環境很好，書聲琅琅，讀書的氛圍很濃。過往的行人多是學生，常常是一邊行走一邊背誦詩文，孟母感到這是孩子學習的好環境。果然孟子很快地靜下心來讀書，有時，他還往私塾裡張望，觀看裡面的學生是怎樣讀書，又是怎樣跟隨老師演習周禮的，然後，也模仿起來。一天，孟母發現兒子在磕頭跪拜，以為他又在玩下葬的把戲了，心裡很難受，後來聽兒子說是在演習周禮，就又高興起來。

從此，孟子讀書很用功，終於成了大學問家。他始終牢記母親的教誨，並經常把這段故事講給自己的學生聽。

▎歷史評說

孟母煞費苦心，三遷擇鄰。她發現，兒子對身邊的環境特別敏感。從最初居住在墓地附近到喧嘩的鬧市，孟子在這樣的環境，很快就學會了裝神弄鬼和叫賣。最後，她把家安置到學校附近，孟子在琅琅讀書聲的薰陶下，基於他善於模仿的天性，也喜歡上了讀書。

孟母三遷，其目的就是要為孟子提供具有良好文化氛圍的環境，讓孩子能在這種環境中得到文化的薰陶，健康成長。

無獨有偶，古有孟母擇鄰育賢人，今有「西方孟母」為子三遷居。1951 年榮獲諾貝爾物理學獎的沃爾頓（Ernest Walton），不但因此而名揚天下，他的母親也因為當初為他擇校就讀，而被人譽為現代「西方孟母」。難怪有人說：處在良好環境中的孩子是生活在天堂裡，處在惡劣環境中的孩子是生活在地獄裡。前者培養出天使，後者培養出撒旦。

也許家長們會問，有這麼嚴重嗎？在社會這樣複雜的大環境裡，學校的文化氛圍，身邊的朋友，父母的教育都潛移默化地影響著人的成長，有

司馬光：教孩子誠實，贏得好信譽

　　信用這個東西建立起來很難，破壞起來卻很容易。倘若在幾十年的生活中，仍然能贏得所有人的信任，更是一件不容易的事。而這可能更要依賴於小時候誠實的累積。正因如此，世界上的成功人士大多將誠實守信作為人生準則。北宋著名史學家司馬光的父親司馬池，不僅經常告誡兒子誠實最為重要，還為此「狠狠」教訓過兒子一次。

智趣故事

　　司馬光出生在一個世代讀書當官的人家，其父司馬池是一個很有作為的人，他對司馬光很嚴厲。司馬光從小聰明伶俐，人見人誇，日久就有點飄飄然了。一年秋天，院子裡核桃樹上長滿了核桃，司馬光和姐姐撿了一些掉在地上的核桃，乒乒乓乓地砸開了。司馬光把核桃仁放在嘴裡一咬，立刻就吐了出來，一邊吐一邊喊：「真澀，真澀！」姐姐看到他齜牙咧嘴的樣子，笑著說：「吃核桃要把外邊的嫩皮剝掉！」可是那層皮薄得實在不好剝。

　　正好一位侍女走進來，看見司馬光那費勁剝皮的樣子，就教他說：「把核桃仁放在茶碗裡，用開水一泡，再稍微一搓，那皮就掉了。」司馬光按照侍女的方法一試，果然很靈。這時姐姐回到屋裡，看弟弟剝皮的方法很妙，就問他：「誰教給妳這個方法的？」司馬光神氣地說：「是我自己想的呀。」姐姐笑了，直誇他說：「還是我小弟弟聰明。」

　　孩子們在外屋說話的聲音，傳進了裡屋讀書的父親耳朵裡。他放下

書，走到外屋問司馬光：「父親問你，這個方法是你自己想出來的嗎？」司馬光支吾地說「是……，不是……」在父親嚴厲的目光下，司馬光說出了實情。父親語重心長地對他說：「一個人聰明是好事，但是更重要的是誠實，不能說謊。說謊的人是最傻的，既害自己又害別人，一個人不誠實，會讓人看不起。」司馬光低著頭承認了錯誤，並說：「我一定要做個誠實的人！」

司馬池不僅在思想品德方面嚴格要求司馬光，在學習方面也抓得很緊，要求他讀書不但要知其然，更要知其所以然。在父親的精心培育下，司馬光 20 歲便考中了進士，後來在朝中當官。他忠於職守，勇敢地揭露貪官汙吏，以為官清正廉潔著稱。

▌歷史評說

從前我們對「司馬光砸缸」的故事耳熟能詳，先天的聰明再加上父親後天的精心雕琢，使得司馬光年紀輕輕，便有所成就。

司馬光的早慧讓我們忽視了其父對他品行上的教育。從小被誇獎與稱讚包圍的司馬光驕傲了，他把從侍女那學來的方法說成是自己想出來的，小謊話立刻博得了姐姐的讚賞，也使他更加沾沾自喜。幸好，父親司馬池發現了小司馬光的謊言，及時而嚴厲地指出來，並明確地講清了道理，讓司馬光懂得了誠實的重要性。此後的司馬光謹遵父親教誨，以「誠」為做人之本，留下「廉」的美名。

真話比黃金還要貴重。每一位家長都希望孩子能夠在社會上成為一個正派、真誠的人，而且只有誠實守信，清清白白，不說謊、不作假，才能夠樹立起在別人心目中的地位，成為一個令人尊重信任和受歡迎的人。

我們大家都聽過那個流傳至今的「狼來了」的故事。一直喊「狼來

了」的孩子，只圖一時愚弄別人的快樂，卻沒想到後果竟然是自己說真話的時候，都沒有人相信，成了狼的「點心」，成了自己謊言的犧牲品。它有個很好的寓意，就是常常失信於他人的人，沒了信用，到頭來反而害了自己。

小孩子的謊言一般來說是無關痛癢的，無非想實現自己的某種願望或者滿足自己的虛榮心。但形成了習慣後，長大也很難做到以信用服人。而且無論這種說謊作假能給自己帶來多大的好處，心裡也總是忐忑不安的。這是一種做人的恥辱，在社會上難以站得住腳。

▌慧寶良方

了解識到誠信的重要，家長就要經常向孩子灌輸誠實的美德，以身作則，在孩子面前，盡可能地自己先做到不說謊。另外，要讓孩子知道人和人之間的親密關係是建立在相互信任的基礎上的。

確定謊言的性質

孩子說謊了！是不是標注他「學壞」的開始？家長不要輕易將謊言與孩子的品格劃等號，因為謊言有時只不過是幻想，或是他小小的「如意算盤」。

孩子很小的時候，往往不能把事實和幻想區分開來，常說一些不著邊際的話，那麼就沒有必要拆穿他的謊言，壓制孩子的幻想。父母要做的只是確保孩子的幻想不會傷害自己和他人。比如說，可以讓孩子說自己是超人，要有超人的善良，要幫助別人，但你要指出的是他不能飛，即便有了那件披風也不能。

當家長「遭遇」謊言，不要急著打罵孩子

比如當母親詢問孩子是否做作業的時候，他因為害怕受到責罵，而暫時回答了「是」。無庸置疑，孩子的這種謊話，只是為了逃過一次「危機」想出來的「高招」。因此父母沒有必要立刻火冒三丈、甚至懲罰，這樣孩子可能會為了逃避責罰編造出一些其他方面的謊話，反而「逼」成了一個更「棒」的謊言大師。

家長應該清楚地表明自己的立場，告訴孩子你不允許他這樣說謊，並有針對性地加以監督，以免他們報喜不報憂，為小事而說謊。

尊重孩子的隱私

隨著年齡的增長，孩子想更大程度地主宰自己的生活，如果你硬要進行干涉，他就會索性以謊言相回應，而且不會讓你輕易識破。作為家長，應該盡量和孩子多溝通，尊重他應有的私人空間，不要「管」得孩子被迫說謊。

處罰孩子是不得已而為之的辦法

當孩子已經養成說謊的習慣，尤其是他已經長大了，清楚自己的謊言是為了達到掩飾自己侵害他人權益的目的，就很可能是他的道德品行出了問題。那麼父母應該努力找出問題的根源，加以糾正。這時，訓斥或是加以懲罰也能起到一定的懲戒作用。

皇甫謐：寬容加激勵，浪子回頭金不換

當自己的孩子出現過失、犯錯，成了名副其實的「問題孩子」，家長該怎麼辦？是批評、訓斥還是懲罰？晉朝有個叫皇甫謐的人，曾經是一個不學無術的浪子，最後成了有名的大學問家，這樣的改變源於嬸母任氏的寬容、諒解和信任。

▌智趣故事

皇甫謐從小被過繼給叔父撫養，嬌慣得養尊處優，又不愛學習。一直到 20 歲，依然遊手好閒，不務正業。人們不屑一顧地譏笑說：「這孩子，生在名門，長在名門，不學無術，真是朽木不可雕也！」甚至還在背後說他是個「敗家子」。

嬸母發現後，也曾多次勸他用心讀書，改邪歸正，但積重難返，總也不見成效。為此任氏心裡十分難過，決定狠狠地刺激他一下。一天，皇甫謐拿了瓜果來孝敬嬸母。任氏接過來卻沒有絲毫的喜悅，非常嚴肅地對他說：「孩子，人家都說你二十多歲了，還遊手好閒，不幹正事，是嗎？一個人活在世上，如果飽食終日，無所事事，和禽獸又有什麼不同！你就是天天給我送肉吃，也無法安慰我的心！」皇甫謐看嬸母嚴厲的樣子，不敢反駁。

任氏看看那堆瓜果，語重心長地說：「其實，你還是很懂人情事理的。你能給我送瓜果來，不就是好事嗎？」她說著說著，心裡一陣酸楚，接著流下淚來，「孩子，我不忍心看你這樣下去，人們都說你沒出息，我的心

如刀割一般。你要下決心，浪子回頭，走正路，好好讀書學習，做個有用的人啊！」

嬸母的一段哭訴，深深打動了皇甫謐。他低著頭，先是無言以對，想到自己令嬸母如此難過，心裡非常後悔，竟也是熱淚橫流。最後，他泣不成聲地向嬸母保證：「孩兒一定改過，從此發奮讀書，做有用之材，為您爭光。」

皇甫謐走後，有人不以為然，對任氏說：「他不過是拿話騙妳罷了，正應該訓斥一頓，嗤之以鼻。」任氏說：「孩子應該管教，還應該信任。如果連我都不相信他改過的誠意，挫傷了他的自尊心，還能期望他悔過自新嗎？」

果然，皇甫謐言行一致，毅然告別舒適的家庭，拜一位學識淵博名叫席坦的人為師，一邊務農，一邊讀書，立下了著書立說的志向。經過長期的勤奮讀書和刻苦著述，他終於成了一位享有盛譽的醫學家。

▌歷史評說

「浪子回頭金不換」。出於嚴格要求的原則，往往孩子在行為上有了過失或者犯錯後，家長們習慣採用嚴厲批評、斥責的方法，來達到教育的目的。

皇甫謐的嬸母任氏則採取了另一種方法。當聽說姪兒整日遊手好閒的事情後，作為嬸母的她非常傷心，但是並沒有大聲批評、責罵，而是曉之以理，動之以情，並讚揚姪兒的孝心，喚醒他天性善良、純真的一面，以此來鼓勵他，還給予姪兒足夠的信任，堅定了姪兒改過自新的決心。可以說任氏這種對姪兒犯錯後寬容和諒解的方法發揮了巨大的效果。

由於家長望子成龍心切，一旦孩子有了錯誤，家長便「恨鐵不成

鋼」，沒頭沒腦地把孩子罵一頓，或者怕孩子記憶不夠深刻，便施以拳腳，給孩子在心靈和身體上留下深深的烙印。但家長可以回想一下，自己怒上心頭，往往只是把怨氣發洩出來了，卻沒有給孩子講清楚道理，孩子也容易產生強烈的叛逆情緒。

還有一些家長由於對孩子的失望和過激的情緒，喪失了信心覺得孩子難以改好，產生了放任自流的心理。這更使得那些本來只是在「河邊」徘徊的孩子，有了「自暴自棄」的念頭，形成了阻隔「浪子回頭」的一道牆。

實際上，「問題孩子」分為兩種：一種是故意的、主動的，屬於品德上的問題，對自己不好的行為絲毫沒有任何悔意，反以為榮。這時的確應該採用批評、責罵甚至懲罰的方法，說服他理解並改正錯誤。

一種是屬於孩子經驗問題，理解能力有限，是無意的，並且在意識到了自己的錯誤後，也深深地感到後悔和內疚。這時他需要的則是父母的寬容和諒解，父母要幫助他建立認錯的勇氣和信心。此時如果再嚴厲地批評，就好比「雪上加霜」，不會收到什麼好的效果。

慧寶良方

作為父母，首要任務是分清孩子犯錯的原因是什麼，以便「對症下藥」。

理智的頭腦

儘管自己非常生氣，但仍然要分清孩子在思想行為上的過失是屬於主動的還是被動的，是品德的問題還是年少不懂事。如果屬於後者，就應該冷靜地對待孩子的錯誤，採取寬容激勵的教育方法。要讓他知道父母是愛他的，「知錯能改，善莫大焉」，這時的寬容不等於姑息。

恰當的批評教育

倘若孩子是不自覺的，已經後悔莫及，那麼在說教的時候不妨動之以情，讓他知道如果任憑自己繼續發展下去，會讓父母多麼傷心，喚起對父母用心良苦的理解。如果孩子已經有了改正的願望，卻還是遭到父母粗暴的批評、不理解、不信任，改也被罵，不改也被罵，這樣無疑會使孩子的決心大打折扣。

不斷鼓勵，並充分的信任孩子

在孩子改正的過程中，諷刺挖苦不但對孩子改正錯誤毫無意義，而且容易傷害孩子的自尊心。父母可以利用孩子優秀善良的一面，鼓勵他改正錯誤的勇氣。要知道別人懷疑孩子不要緊，家長才是他動力的泉源。如果連最親近、最值得依賴的人，都對他抱以懷疑的態度，那麼即便改好了，又有什麼意義呢？

曾經在報紙上看到過一個感人報導：一個 18 歲女孩，由於年輕不懂事，加上對父母離異的怨恨，因犯罪而鋃鐺入獄。母親知道後，痛心不已，她開始經常去看女兒，和女兒談心，化解母女之間的矛盾。她知道女兒擅長唱歌，就鼓勵她參加監獄裡舉辦的藝文活動，並幫助女兒在出獄前出版了一張 CD。女兒終於因為表現良好，被提前釋放。

與之相反，有許多青少年犯罪後，不僅社會不接納他，甚至連其父母也恐怕給自己「抹黑」、「丟臉」，而將孩子拒之門外，無形中把孩子推向罪惡。

總之，孩子犯錯，父母不應該和孩子賭氣或者發洩情緒。「問題孩子」改正錯誤，不是他一個人的事，需要父母有理智、有愛心、有耐心、有信心，不斷地給孩子打氣，給予幫助，讓他看到明天依然晴朗。

陶侃：以身作則，言傳身教好品德

父母是兒女的模子，兒女是父母的鏡子。子女模仿並反映著父母的行為，因此，父母的言行對兒女的影響十分重要。東晉大將軍陶侃的母親，對兒子悉心教導並以身作則，使兒子不負所望，成了千古留名的清廉將軍。

▌智趣故事

陶侃少年喪父，家境貧寒；母親勤儉和善，對孩子管教很嚴格。每天陶母紡紗織布，陪著兒子讀書到深夜，雖然家裡面很窮，但是她從不接受村裡人的接濟，也不讓兒子拿人家一點東西。

一次，陶侃和母親在河邊洗衣服，回去的時候，陶侃忽然發現草叢裡有一顆大鵝蛋。他高興極了，雙手捧著蛋跑到母親跟前，興沖沖地說：「今天晚上我們可以開心地吃上一頓了。」陶母接過鵝蛋問他是從哪來的？陶侃驕傲地告訴母親「是我撿來的」。母親聽了很不高興，她問陶侃：「如果你丟了東西，是不是希望拾到的人送還給你啊？」陶侃羞愧地低下了頭。陶母摸到蛋上還有餘溫，相信剛才放鵝的人還沒走遠，就領著陶侃追了過去，果真找到了失主。陶母這一行為，給少年陶侃的觸動很深。

後來，陶侃在潯陽縣當了一個小官，被派到養魚場。臨走時，陶母囑咐他一定要清正廉潔，並給他講述了父親活著時候清廉的故事。可是不久，孝順的陶侃想到自己在這裡吃鮮魚活蝦，母親卻在家吃粗茶淡飯，心裡很難受。他想：我何不弄幾條魚孝敬母親呢？於是，他挑了幾條肥美大

隻的，派人送回家去。

母親看到當官的兒子送來了魚，自然是萬分高興，但她聽到差役說了魚的來歷後，臉色頓時陰沉下來，立刻讓差役把魚拿回去，差役驚訝地問：「為什麼？這是您兒子監管的魚場啊。」陶母說：「這正是他的不對，他怎麼能借職權之便，拿公家東西？這次我收下了，今後，一而再，再而三，兒子就會養成占公家便宜的壞習慣。那豈不是一害國家，二害兒子嗎？」

隨後，陶母給兒子寫了一封長長的信，囑咐差役把魚帶回去，把信交給陶侃。陶侃看過信後，恍然大悟，羞愧得無地自容。他從此下定決心：一定要勤儉奉公，矢志不渝。後來他成為名垂青史的清廉大將軍。

▌歷史評說

陶侃這種廉潔奉公的品德是怎樣形成的呢？這說明了一個很淺顯的道理 —— 來自於慈母的言傳身教！

陶母勤勞善良，她對兒子一向要求嚴格，教育他不貪圖小利小惠。兒子當官後，還經常告誡他要克己奉公。另外單有言教是不夠的，陶母還為兒子建立了清廉的榜樣。當兒子使用手裡的權力，為清貧的母親送來魚時，母親聲色俱厲退回。因為那是公家的東西，所以即使是自己兒子送過來的也不要。這使陶侃深受教育，並發誓一定做個清廉剛正的好官。

父母是孩子人生旅途中的第一個老師，父母的思想品格、生活方式、理想情操等，都對孩子有著耳濡目染的作用，大幅度影響著孩子的行為和思維方式。孩子的年齡愈小，父母作為榜樣的感染力就愈大。所以，父母不單要講明道理，還要以身作則，向孩子表明哪些是允許的，哪些是禁止的。事實證明，舉凡家庭教育成功的家長，都十分注意自己的一言一行給孩子帶來的影響。

有句諺語叫做「龍生龍，鳳生鳳，老鼠的孩子會打洞」，此話雖然偏激了點，但卻不無道理。倘若父母及其他家庭成員有不軌行為、不良習慣，滿口汙言穢語，日久天長，孩子們自然混淆了是非，不知不覺把不良的東西轉入到自己的意識之中，並表現和反映在言行舉止上。

有一位家長只顧自己快樂，從早到晚麻將局不散，結果孩子上課睡覺，夢中竟然脫口而出「胡了」！試問，路見不平拔腿就跑的父親怎麼能教育出見義勇為的孩子？斤斤計較，處處愛占小便宜的母親，怎麼能夠教育出心胸豁達的孩子？

▋慧寶良方

「在父母的眼中，孩子常是自我的一部分，子女是他理想中自我再來一次的機會。」如果想要你的孩子具有高尚的品德、健康的行為，那你應該怎樣做呢？

運用語言的力量

語言是最直觀、最能夠表達意思的一種方式，因此父母可以透過講道理、制定規則，明確地告訴孩子哪些應該做，哪些不應該做；哪些是應該肯定的，哪些是應該批評的，對孩子的日常行為進行規範。

以身示教

僅僅「口頭說教」，不如做給孩子看。如果你想讓孩子富有同情心、正直誠實，首先你必須做到；如果你希望孩子勇敢自信、有責任感，首先你必須做到；如果你希望孩子懂禮貌、尊重他人、團結友愛，首先你也必須做到。總之，你想讓你的孩子成為怎樣的人，你自己首先必須是那樣的人。因為孩子正在模仿你的一言一行。

做一個言行一致的人

一部分家長說是說，做是做，一邊收受賄賂、貪圖享樂，一邊教育孩子要正直勤奮；一邊厭惡自己的父母，不履行基本的贍養老人的義務，一邊教育孩子要尊老愛幼；一邊要求孩子努力學習，不斷進步，自己卻安於現狀，不思進取。這樣怎麼會有說服力呢？

著名作家托爾斯泰寫的〈爺爺與孫子〉曾這樣描述：爺爺老態龍鍾，口水鼻涕不停地流。兒媳婦嫌他髒，不讓他同桌吃飯。一次，爺爺不小心把飯碗打碎了，兒媳婦破口大罵：「老不死的，以後給你木碗算啦！」幾天後，年輕夫婦發現兒子米沙在用斧頭劈木頭，問米沙在幹什麼。米沙回答說：「我在做木碗，等你們老了，給你們用它吃飯，免得打碎了瓷碗。」這個故事就是要提醒身為父母者注意自己的行為對孩子的影響。虐待老人，肆無忌憚，卻不知道自己為兒子樹立了忤逆的榜樣。如果夫婦倆不及時改正，不管他們怎麼要求兒子要贍養父母，最後老了的結局亦將如此。所以，建議家長們不妨重新審視，看看自己是否「身」、「口」如一。

王獻之：刻苦努力，天才出自勤奮

　　藝術家羅丹（Auguste Rodin）曾經說過：「任何倏忽的靈感事實上都不能代替長期的功夫。」意思是只有勤奮，才能得到最後的成功。東晉時期，出現了兩位大書法家，以其勤奮和書法成就成為人們的楷模，他們就是並稱「二王」的「書聖」王羲之以及他的兒子王獻之。

　　傳說東晉大書法家王羲之自幼苦練書法。他每次寫完字，都到自家門前的池塘裡洗毛筆，時間久了，一池清水變成了一池墨水。後來，人們就把這個池塘稱為「墨池」。兒子王獻之在他教育下，也憑著勤學苦練，成了書法大家。

智趣故事

　　王獻之七、八歲時就跟著父親學習書法。一開始他很有興趣，後來，覺得整天和筆墨打交道，坐的腰痠腿疼，便不想練下去了。一天他問父親：「寫字有沒有竅門？」王羲之明白兒子的心思，他指著院中的十八口大水缸和窗戶下堆積如山的磨禿了的筆桿說：「等你把這十八口大缸裡的水用光了，磨禿的筆桿也堆成這樣高，竅門就找到了。」王獻之明白了父親的用心，慚愧地低下了頭。王羲之見兒子知錯，便耐心地給兒子講起了大書法家張芝「臨池學書，池水盡墨」，苦練成才的故事，使王獻之深受啟發。從此，王獻之刻苦練習，長進很快。

　　一次，王羲之見兒子進步很大，便當著妻子的面讚揚起兒子來，這話讓王獻之聽見了，便產生了驕傲的情緒，他想大概自己的字快趕上父親

了，開始不再用功苦練，還打定主意要顯點本領給父親看看。這天，他洋洋得意地寫了一大篇，捧去給父親評定。王羲之對兒子的自滿情緒極為不快，但沒有馬上責備兒子，他發現這篇字裡有個「太」字漏了一點，成了「大」字，便提筆把那一點補上了。然後，叫兒子拿去給母親看。

王夫人平時受王羲之的薰陶，很會鑑賞書法，她仔細看了兒子的字後，指著「太」字的一點說：「吾兒練字三千日，惟有一點似羲之。」王獻之聽了十分慚愧，母親所指的正是父親點上去的那一點。後來王獻之經過堅持不懈的努力，終於領悟了書法的真諦，也成為獨樹一幟的書法藝術家。

▌歷史評說

王羲之和王獻之父子現今仍然為書法藝術的楷模，他們的成功「訣竅」，便是勤學苦練。

年幼的王獻之在父親的影響下，對書法產生了濃厚的興趣，但他想用一種「速成」的辦法，來練好書法。父親告訴他，用盡十八缸的水，磨禿了堆積如山高的筆，就是他要的竅門。無法考證王獻之是否真的用了十八缸水，但是從此王獻之以父親為目標，刻苦練字，取得了飛快的進步。言傳身教，長期努力才能成功，是王氏家教的點睛之筆。

「形成天才的決定因素應該是勤奮」，中華文化重視讀書、勤奮好學，已成為世代相傳的優良傳統。從小學到中學，老師家長一直鞭策著孩子要勤奮刻苦，才能實現自己的理想。因為，任何一顆耀眼的「星星」，都要經過十幾年甚至幾十年的累積。我們所敬仰的名人，也無不伴隨著不間斷的、有目的的練習。沒有這些努力，就算是最大的天才，單憑先天條件，也絕不會有多大成就。

在美國，有一個人在一年之中的每一天裡幾乎都做著同一件事情：天剛亮，他就坐在打字機前，開始這一天的寫作。他就是著名的恐怖小說大師——史蒂芬‧金（Stephen King）。史蒂芬‧金說，我從沒感受過沒有靈感的恐慌。祕訣很簡單，只是兩個字：勤奮。勤奮給我帶來的好處是永不枯竭的靈感。

勤奮，說起來容易做起來似乎很難。愈來愈多的家長抱怨：「我的孩子腦袋聰明，可是就是太懶了，一點也不用功。」看來我們的孩子不知不覺地在給「勤奮」貶值。的確，對於現代人來說，微波爐3分鐘就可以做頓飯，查找資料直接從網路上「Download」就OK，整天夢想中樂透發大財，而對勤奮這個詞就很陌生了。孩子們則很容易認為那些令人矚目的名人是靠相貌和天分成功的，名人們曾有過的堅持不懈的努力，只不過是成功的很小一部分原因。

慧寶良方

因此家長仍然有必要強調辛勤努力與成功之間必然的因果關係。

培養孩子好的時間觀念

中國著名的數學家華羅庚，小時候在一家店鋪裡打工，工作非常辛苦。但他仍擠出時間讀書學習，最終成為享譽世界的數學家。他向我們說明了做到勤奮的一個最基本方法，那就是珍惜從身邊流過的每一秒鐘。

愈來愈多的家長已經認知到了讓孩子珍惜時間。合理安排時間是成才教育的一項基本訓練。伴隨著年齡的增長，孩子的時間觀念也不斷增強，只是他們還沒有真正懂得「一寸光陰一寸金，寸金難買寸光陰」的道理。家長應適時地督促孩子有效地利用時間和珍惜時間。

培養孩子的恆心和毅力

著名的科學家道爾頓（John Dalton）說：「如果我有什麼成績的話，那不是我有才能的結果，而是勤奮和毅力的結果。」可見，勤奮和毅力向來是一對攣生兄弟。在學習和研究上，經常會遇到各種困難，所以，家長應該關心孩子的學習，並及時地給予鼓勵和幫助。

而且，成績是日久累積下來的，要持之以恆，才能有收穫。同時，當孩子取得一定成績時，家長要給予勉勵並提出更高的要求，日復一日，便會養成良好的習慣。

不要放棄任何一個教導孩子的機會

在《伊索寓言》中有這樣一個故事：農夫臨終時，想讓他的孩子們懂得怎樣耕作，就把他們叫到面前，說道：「孩子們，葡萄園裡有個地方埋藏著財寶。」農夫死後，孩子們用鋤頭把土地都翻了一遍，他們沒有找到財寶，可是豐收的葡萄卻給他們帶來了可喜的收穫。

其實，農夫就是要告訴孩子們，勤勞是人生的「財寶」。我們的父母，也應該時刻教子以勤，讓孩子領會到，物質文明和精神文明發展到今天，都是勤奮的果實。

祖沖之：尊重孩子，他將懂得尊重他人

　　許多調查發現，在家庭教育中，父母的管教方式是否科學直接影響著子女的成長：獲得父母尊重的孩子，成績明顯要比經常挨罵的孩子好得多，但不得不說，我們的父母很少想過，孩子其實也需要尊重。南北朝時期的大科學家祖沖之，在童年時也曾因為一時沒有得到父親的尊重，而險些與「科學家」失之交臂。

▌智趣故事

　　祖沖之的父親祖朔之，是個小官員。他望子成龍心切，祖沖之不到 9 歲，就逼著他讀《論語》，讀一段，就叫他背一段。兩個月過去了，祖沖之只能背誦十來行，氣得祖朔之把書摔在地上不教了，並且罵道：「你真是個笨蛋啊！」過了幾天，他又把兒子找來，教訓他說：「你要是用心讀經，將來就可以做大官。不然，就沒出息。現在，我再教你，你再不努力不行啊！」

　　可是，祖朔之越教越生氣，祖沖之也是越讀越厭煩。他皺著眉頭，憤憤地說：「這經書我不讀了。」氣得父親打了祖沖之一巴掌，打得兒子號啕大哭起來。正在這時，祖朔之的父親祖昌來了。他問明情況，對祖朔之說：「你狠狠打一頓，他就會變聰明嗎？你這樣對待他，他不笨才怪呢！」祖朔之說：「我也是為他好啊！他不讀經書，這樣下去，有什麼出息。」祖昌說：「那也不能不考慮孩子的想法，硬趕鴨子上架啊！」祖朔之覺得父親的話有道理，就讓兒子跟著祖父到他負責的建築工地開開眼界，長長知識。

祖沖之到工地上和鄉下的孩子玩了幾天，知識豐富多了。他問祖昌：「爺爺，為什麼每月十五的月亮一定會圓呢？」祖昌解釋說：「月亮運行有它自己的規律，所以有缺有圓！」祖沖之越聽越有趣。從此，經常纏住爺爺問個不停。

祖朔之這時也改變了對兒子的看法，每天教他看天文書，有時祖孫三代一起研究天文知識。這樣，祖沖之對天文曆法的興趣愈來愈大了。

祖昌特意帶孫子去拜訪一個鑽研天文很有成績的官員何承天。何承天問祖沖之：「小兄弟，天文這東西研究起來很辛苦，你為什麼要鑽研它？」祖沖之說：「我不求升官發財，只想弄清天地的祕密。」何承天笑道：「小兄弟，有出息。」

從此，十多歲的祖沖之經常找何承天研究天文曆法。後來，他終於成為一名傑出的科學家，他推算的圓周率要比歐洲早一千多年。

歷史評說

難以想像，如果祖沖之仍然經常挨打，被斥責為「笨蛋」、「蠢材」，又沒有祖父的及時「挽救」，歷史上，很可能會少了一筆濃墨重彩。

不得不說，祖沖之父親的做法和心理，正應驗了一句口頭禪：「打是親，罵是愛，不打不罵難成才。」但是，很顯然，父親的這種做法可能只加深父子之間的隔閡。而祖父則很講究方法，他認真考慮小孩子的脾氣稟性和年齡特點，尊重孫子的興趣，並善於引導和教育，還使得祖朔之放棄了打罵教育，尊重兒子的興趣和選擇，塑造了一個令中華民族為之驕傲的科學家。

尊重是人的高層次心理需求。一個孩子如果生活在尊重之中，他就學會了自尊和尊重別人。尊重孩子是孩子形成良好性格和心理健康的最佳補

品，比各種高級兒童營養品更有用。「孩子還要尊重嗎？」不少父母對尊重孩子的問題不禁提出疑問。

大人們習慣了尊重同事，尊重長輩，卻往往忽略了對孩子的尊重。家長們認為即使教育子女過火一點，也都是為孩子好，以為嘮叨、打罵，「笨蛋」、「沒出息」這類挖苦、諷刺的話都無所謂。實際上，這樣會導致孩子的自尊心「很受傷」，或者處處依賴父母，貽害無窮。有調查顯示，成績好的學生中，有85%的人認為父母尊重自己；而成績差的學生中，只有57.6%的人認為如此。

在一向信仰自由民主的美國，每個家庭都很重視充分發揮孩子的主動性，讓孩子選擇自己吃什麼穿什麼，什麼時間玩，什麼時間學習。父母會根據孩子的選擇作出相應的回答，即使要改變孩子的想法，也要和孩子商量，講明為什麼這樣做。美國總統甘迺迪的父親約瑟夫就主張不要一天到晚讓孩子順著自己的意思，常常故意向孩子提出相反的意見，挑起爭論。如果孩子與他爭論起來，他反而會更高興。

▌慧寶良方

美國那種完全給孩子自由的尊重其他國家不一定適合，但是，他們的這種意識，倒是值得家長們借鑑。那麼如何做，才是尊重孩子，培養孩子的自尊呢？

✧ **耐心地對待孩子的問題或要求，要徵求孩子的意見**：對於孩子們的提出的問題，家長要認真傾聽，不要因為太忙、太累，或者太幼稚而簡單應付，用「我正在忙呢」來「打發」他。另外，孩子作為家庭的一員，儘管他們的有些意見也許沒有用，但仍然要與孩子探討。

◇ **不在孩子面前與別人談論他**：大人不喜歡被別人當作「談資」，孩子同樣如此。不管孩子願不願意，刻意地對別人展示孩子，這樣會讓孩子有「作戲」、受擺布的感覺。

◇ **不拿孩子和別人做比較**：比較不僅會使「強」的孩子變得驕傲，而且會使「不如別人」的孩子變得自卑，難以重新建立自信。要發現並肯定孩子的每一個進步，給孩子帶來驚喜與鼓舞。

◇ **少用命令、教訓的語氣、語調跟孩子說話**：尊重孩子，要多用情感交流的語言，而少用「你給我聽著」、「老實點」等類似的話，不要使孩子覺得父母把他當「動物」使喚，在他們眼裡毫無地位和尊嚴。

◇ **多讓孩子參與成人的活動**：大人只顧自己說話，或者只顧自己娛樂、工作，將孩子「晾」在一旁，會使孩子感到備受冷落。應鼓勵孩子參與進來，讓他覺得自己受重視，進而產生自我成就感，並體驗到平等，同時也對自己的行為負起責任。

◇ **正確看待孩子的過失**：對於孩子的錯誤，不要嚴加懲罰，而應該民主地對待，給孩子自己思考並改過的機會。

◇ **尊重孩子的意願和選擇**：當家長的意志與孩子的興趣，或者與孩子選擇發展的方向產生矛盾的時候，家長應該慎重考慮子女內心的想法，盡量換位思考，從孩子的角度去考慮問題，理解並尊重孩子的選擇。

歐陽脩：承受磨難，英才需苦練

「貧窮是無價的刺激，刺激人達到成功的目的。」這說明，人在逆境中成長，更容易經得起考驗。歐陽脩是著名的「唐宋八大家」之一，這位文學史上赫赫有名的人物，就是從艱難的環境中磨練成長起來的。

智趣故事

歐陽脩出生於一個清貧的小官吏家庭，4歲的時候父親就死了，母親鄭氏當年才29歲，孤兒寡母，處境十分艱難。於是，歐陽脩很小就開始為母親分擔家庭的擔子，每天和母親一起到山上撿柴，總是空著肚子，母親每次問他餓不餓，他都懂事地搖頭，但有好幾次都因為飢餓而摔倒在回家的路上。

母親為人有志，安貧自守，並決心要親自教好年幼的兒子。她總是一邊工作一邊教兒子背詩。那些古人「映雪囊螢」、「鑿壁偷光」的故事，小歐陽脩都聽過不知道多少遍了，每次他都著急地問母親：「我什麼時候才能作出那麼好的詩文啊？」鄭氏看到兒子喜歡讀書，又是高興又是傷心，她暗自埋怨自己無能。

一天，她看到兒子拿院子裡的蘆葦桿在地上亂寫亂畫，忽然有了主意：就用蘆葦桿作筆，把沙灘當成紙吧。她開始每天堅持不懈地教兒子寫字，要求歐陽脩十分嚴格：字要寫得工整，一筆不差；作文要反覆修改，要文從字順；每晚在油燈下，母親都要考查課業，讓歐陽脩背誦詩文。她還不斷給歐陽脩講如何做人的故事，告訴他不要隨聲附和，隨波逐流，要

不怕困難，不避艱苦。並且常常把父親居官清正、治獄嚴謹、居家無所矜飾的事蹟講給兒子聽，使歐陽脩從小就受到良好的道德品格教育。

歐陽脩把家中的書讀完了，母親又發愁了。可歐陽脩卻有了主意，他開始向鄰居借書讀，常常是邊抄寫邊誦讀，抄錄完了也就背誦下來了。就這樣，不論嚴寒酷暑，歐陽脩夜以繼日、專心致志地讀書，他的才學與日俱增，10 歲時作的詩文，便已經是成人的手筆了。

▌歷史評說

歐陽脩從小就經歷了家境變故，親人離去的磨難，他成長的環境非常艱苦，但生活的苦難卻磨練了他非比尋常的意志和耐力，可以說這是與母親鄭氏的教育密不可分的。母親沒有因生活壓力所迫而沮喪、氣餒、軟弱，相反地她帶領兒子一起勞動，堅強地擔負起了生活的擔子，這對歐陽脩無疑是一種精神支持和歷練。

同時，儘管生活如此困窘，但母親從來沒有放棄過對兒子的教育。她用蘆葦桿當筆，把沙灘當紙，教歐陽脩寫字。因為沒有錢，無法買書，歐陽脩就自己想辦法借書來抄寫，透過各種方法克服困難，勤奮學習，終於成為後世所傳誦的名人。

對於一個人來說，整個生命就是一場冒險，會不斷有困難發生，但是有困難，是壞事也是好事，因為困難會逼著人想辦法，在這種長期與困難的鬥爭中，壯大了膽量，豐富了知識，更練就了堅忍不拔的意志和戰勝一切困難的信心和決心，也為以後在遭受挫折的時候，能夠擁有堅強的意志和精神打下牢固的基礎。

作為父母，肯定很清楚，要培養孩子堅強的意志，要讓孩子成為積極進取的有用人才，「以苦為樂」是一條必經之路，世上沒有唾手可得的榮

譽，就像天下沒有白吃的午餐，總要經過一番磨難才會成功。由此可見，從小培養孩子們吃苦耐勞的精神、意志力，對於長大後挑戰生活中未知的磨難，有著非同小可的意義。

有人說現在的孩子是「溫室裡的花朵」，生在一個幸福的年代，從小就有一個幸福的環境。是啊，大多數都是一家一個孩子，怎麼能不當寶貝呢？優渥的生活條件，過分的溺愛，使得他們不知道什麼是貧窮，什麼是辛苦，沒有獨立的能力，養成了懶惰、依賴性強、脆弱的毛病，遇到學習上和生活中的挫折便容易退縮。

▌慧寶良方

人的抵抗力、免疫力是一步步增強的，從無菌室裡走出來的人，往往經不起細菌的襲擊，必然會見困難就退卻。可見，安逸才是孩子成長最大的敵人，適當地展開「逆境教育」是十分有必要的。

提供適度的挫折情境

在生命的歷程中，挫折對於每個人來說都是難以避免的。但在同樣的困難下，每個人的承受能力各不相同，適當地為孩子創造一些這樣的情境，對於教育孩子容忍和接受生活上的挫折很有必要。

美國洛克斐勒集團創始人老約翰‧洛克斐勒（JohnRockefeller）就認同這種觀點，有一次，他張開雙臂，叫兒子小約翰跳到他的懷抱裡來，小約翰高興地衝了過來，但老約翰迅速地把雙臂移開，小約翰重重地摔在地上。對著發愣的兒子，老約翰意味深長地告誡兒子「在生活的道路上，什麼都會發生。」這裡老約翰的做法雖然有些過分，但他讓孩子接受挫折，有意在日常生活中創設挫折情境的做法，是值得我們借鑑的。

給孩子一些「劣性刺激」

　　就在許多家長挖空心思滿足子女的各種要求時，富甲天下的美國人卻千方百計地對他們的孩子進行「吃苦教育」，磨練孩子的意志。「劣性刺激」就是在能夠承受的情況下，給孩子一些不舒服、不愉快的外界刺激，來達到鍛鍊品性的目的。

　　相當多的家長都在抱怨，為什麼孩子養成了偏食、挑食的習慣，飯桌上總是「蜻蜓點水」？為什麼孩子身體懶散，做一點事就大喊「累死了」？為什麼孩子意志薄弱，禁不起一點困難？主要原因是他們幾乎沒有領教過飢餓、勞累、困難的滋味。因此，家長應該適當地來點「劣性的刺激」，有助於尋回孩子逐漸「退化」的生存意志。

增加孩子對吃苦教育的感性意識

　　家長應該經常向孩子灌輸如何面對挫折與困難，及解決問題的思維和方法，給孩子講述過去的生活，並在日常生活中培養孩子的動手做的習慣和自律精神。富有的以色列學校和猶太家庭為我們提供了一個很好的榜樣：他們鼓勵學生到工廠實習，並寫出實習報告。因為在那裡，孩子們意識到了誠實與工作、團結合作和堅強意志的真正價值。

蘇軾：做好父母，發揮榜樣的力量

榜樣對孩子的心靈是一縷非常有益的陽光，而這縷陽光是沒有任何東西可以代替的。「唐宋八大家」之一的蘇軾與其父蘇洵、弟蘇轍世稱「三蘇」，足見他的成長與父母的教育和培養是分不開的。

▌智趣故事

蘇軾的父親蘇洵以文采出眾聞名。年幼的蘇軾對什麼東西都感興趣，一天，他和夥伴在院子裡挖土，竟然挖到了一塊精美的石板，蘇軾忙不迭地抱起石板去見父親蘇洵。

蘇洵看著石板，用手在上面撫摸著，連聲稱讚「天硯」。他告訴蘇軾這是塊做硯的上品石，並鄭重地把那塊石板送給了蘇軾。蘇軾接過石板，並暗暗發誓，一定要寫出像父親那樣好的文章來。

這個夢想很快便實現了，蘇軾10歲的時候，一篇充滿奇思異想的〈黠鼠賦〉便擺上了父親的書桌。從此，他更加用功讀書了。

這一年，父親外出遊歷四方，蘇軾的教育由母親程氏負責。母親出身富貴家庭，蘇家並不是很富有，但她深明大義，安貧守志。有人勸她向娘家求助，她只笑笑說：「央求父母沒有什麼不可以的，但這容易讓人誤解，說我的丈夫無能，養不活妻兒。」這番話被一旁的蘇軾聽見並深深地記在了心裡。

蘇軾的母親還善於用歷史故事來教育子女。一天，母親教蘇軾讀《後漢書·范滂傳》，她先講范滂疾惡如仇、反對宦官專權的正義行為，接著

又講了范滂後來因為得罪權貴，被朝廷緝拿，其母送他上路，囑咐他要保持氣節的情況。講到這裡，母親情不自禁長嘆一聲說：「後漢時期，人們崇尚氣節，真是了不起啊！」蘇軾聽了很受感動，他倚在母親懷裡說：「母親，要是我長大了也像范滂那樣，您願意嗎？」母親聽兒子這麼說，心裡十分高興，她撫摸著蘇軾的背說：「要是你能像范滂那樣，我怎麼就不能向范滂的母親學習呢！」

蘇軾把母親的教導牢牢記在心上，後來他因為為人正直，在官場上屢次遭受挫折，但他始終以范滂為楷模，保持氣節，成為一位品行與才學都堪為後人榜樣的大文學家。

▌歷史評說

兒童的特點是模仿性、崇拜性強，容易崇拜代表他們內心及認為值得尊敬的人物，進而模仿他們的言行。蘇軾的父母並沒有向他灌輸多少大仁大義的道理，也沒有把「好好讀書」掛在嘴邊，而是用自身的力量和優秀的故事人物潛移默化地影響著蘇軾。

父親才學出眾，因此一向是蘇軾崇敬的榜樣，所以，在父親送他那塊硯石的時候，蘇軾很快明白了父親的用意，並立志要像父親一樣。同時，母親對他的影響更不可忽視，她安貧守志，教子有方，透過講許多優秀的歷史故事灌輸做人的原則，使兒子在心目中樹立了以范滂為榜樣的志向。蘇軾有節有氣，才學和品德一樣都為後世所景仰。

常言說：榜樣的力量是無窮的。它的影響可以延續到人生終點，可以廣泛地涉及到一個人的心理、意志、品德、性格能力等各個方面，所以榜樣的力量在一個人成長中有著重要的激勵作用。而對孩子來說，榜樣的影響力就更明顯有效，因為他們更相信自己的眼睛。所以作為父母，應該注

意自己的一言一行，在日常生活中做出表率。

　　一個注意自己言行舉止、時刻提醒自己表率作用的家長，不僅可以提高和樹立自己在子女心目中的威信，還可以達到生動的教育目的。

　　「身教重於言教」。一個處處不嚴格要求自己，不注意自己言行的家長，即便是他對孩子的要求多麼高，多麼嚴格，也不會收到好的效果。

▋ 慧寶良方

　　於是如何發揮榜樣的作用，杜絕消極「榜樣」帶來的危害，就成了引導孩子健康成長的關鍵。

「種瓜得瓜，種豆得豆」，父母要處處做表率

　　在日常生活中，家長要時刻嚴格要求自己。要求孩子做到的，家長首先要做到；要求孩子好好學習，父母首先要在工作職位上兢兢業業，做出成績來；要求孩子思想品德優秀，家長自己首先要遵守道德規範，公正無私，在各個方面注意為孩子做表率。而那種「麻將」一戰通宵，「打牌」一打半夜，將給孩子怎樣的影響是可想而知的。

注重孩子之間的榜樣力量

　　除了自己做孩子的榜樣外，鼓勵孩子與有道德心的孩子接觸，也是非常好的方法，因為孩子們也會互相模仿。

　　比如你想讓你的孩子愛學習，那麼跟一個比他大的、愛學習的孩子多接觸，很快就能讓他喜歡上學習。當然，父母還可以經常提醒孩子，向別人學習什麼，為什麼要學習這些。同時更要留意制止他與品行不端的孩子交往，因為「近墨者」少有不「黑」的。

用典型的人物和事件正面加以引導教育

孩子的天性一般都是嚮往美好、崇尚正義的，但這種天性也要加以引導。父母可以利用典型的人物和事件對他們進行正面教育，帶孩子看些英雄人物和革命家的故事影片，給孩子講歷史名人的傳記故事。

另外，孩子容易成為歌迷、影迷、球迷，他們喜歡崇拜英雄，但他們往往不了解「星」光燦爛後面的艱辛代價。家長可以主動了解孩子所喜歡、崇拜的人物，向孩子介紹一些他們的奮鬥史，以此來激勵孩子，讓他們明白：成功是需要不斷地刻苦努力的，進而督促孩子模仿他們進取的精神。

岳飛：愛國教育，讓孩子心中有家國

「天下興亡，匹夫有責」，這絕不應該是高談闊論，因為個人的命運始終是與國家的命運休戚相關的。時至今日，抗金名將岳飛「精忠報國」的故事，在民間已經流傳了 800 多年，這意味著它不僅是古代的家教楷模，也是當今愛國主義教育的生動典範。

岳飛出生在北宋末年，他出生不久，父親就病逝了。母親姚氏一人挑起了生活的重擔。岳飛天資聰慧，他白天和母親種田，晚上在家刻苦讀書。尤其喜愛《孫子兵法》和《吳子兵法》，並從中學會了用兵之道。

▌智趣故事

岳母不但關心兒子學文，還要求兒子習武。由於岳飛學得專心，練得刻苦，不久便掌握了老師的全套技藝，不但能左右開弓，還能百步穿楊，百發百中。經過數年的努力，岳飛成了「一縣無敵」的高手。

岳飛 20 歲時，正值金國南侵，宋朝只剩下半壁江山，百姓苦不堪言。岳母見山河破碎、生靈塗炭，心中悲憤難忍。為了保家衛國，她積極勉勵兒子「從戎殺敵」，將他送上了戰場。臨行前一天，為了讓兒子記住自己對國家民族所承擔的責任，為了激勵兒子「以身報國」的壯志情懷，岳母將岳飛帶到祖廟前，對他說：「我含辛茹苦將你養大，如今你奔赴沙場，希望你建功立業，報效國家；但前途難測，宦海多變，可千萬不能做辱身敗名之事。我現在當著祖宗之面，要在你背上刺下『精忠報國』四字。」岳飛明白母親的用心，隨即跪倒在地。岳母便用繡花針在他的後背

上刺下了「精忠報國」，又塗上了永不褪色的醋墨。從此，這四個字不僅留在了岳飛的皮膚上，而且深深地刻在了岳飛的腦海裡。

岳飛離家後，時時處處銘記母親的慈訓，將「精忠報國」作為自己的志向和抱負，也作為整個「岳家軍」的奮鬥目標和口號。並寫下「壯志飢餐胡虜肉，笑談渴飲匈奴血」的豪邁誓言，他率兵南征北戰，東進西伐，深受百姓愛戴。金兵則在慘敗之後，談「岳」色變，慨嘆「撼山易，撼岳家軍難！」

鑑於岳飛的赫赫戰功，宋高宗要為他建府邸。他謝絕說：「敵未滅何以家為？」為早日贏得天下太平，岳飛高呼著「還我河山」，一次次衝鋒陷陣。但無奈最後還是被奸臣陷害致死，所有正義之士無不為之落淚。

▍歷史評說

古人對愛國教育非常重視，也常將此放在家教的第一位，而岳飛正是這種思想教育下產生的傑出代表。

當時，南宋政治腐敗，民怨沸騰，人民紛紛起來反抗，朝廷矛盾十分尖銳。面對國家的危亡，岳母深深感到，要使兒子長大成才，就一定要教育他報效國家。她鼓勵兒子讀兵書，學武藝，並含淚在其背上刺字，以記住自己的教誨。岳飛的赤膽忠心和英雄事蹟，感天動地，岳母對岳飛的愛國主義教育更成了代代相傳的千古佳話。

自古以來，就有司馬遷「常思奮不顧身，而殉國家之急」；顧炎武「天下興亡，匹夫有責」。凡此種種，都是愛國思想的生動展現。愛國主義絕不是高談闊論，它促使人「棄燕雀之小志，慕鴻鵠而高翔」。縱觀歷史，眾多的志士仁人、科學家、英雄模範，都在實現國家富強的過程中實現自身的價值。

戚繼光：勤儉教育，奠定成功基礎

「簡樸」是中華民族的優良傳統。因此，歷史上眾多有識之士在生活上都十分注意自身的簡樸，也十分重視對後人的「簡樸」教育。明朝抗倭英雄戚繼光的父親戚景通，不但治軍嚴明有度，為官清廉，對兒子戚繼光的「簡樸」教育，亦不失為當今家教的楷模。

智趣故事

戚景通告老還鄉那年，因為房屋汰舊，不得不修繕一下。在修繕時，戚景通告訴工匠，只設四扇鏤花門戶，工匠們都感到這樣做太寒酸了，便私下對 12 歲的戚繼光說：「公子是將門，可以安十二扇雕花門戶，你向老爺請求一下吧。」戚繼光也覺得很有道理，就對父親說：「這麼簡陋，與戚家的地位名分也不符啊。」戚景通見兒子有了這種圖虛榮、講排場的想法，既擔心又生氣。他一面嚴厲斥責了兒子的虛榮心，一方面諄諄告誡兒子：「你將來長大成人，能世守此業，我就滿意了。若是愛慕虛榮，連這點家業也會保不住的。」聽到父親這樣說，戚繼光羞愧地低下了頭。

戚繼光 13 歲那年訂婚，外祖父家特意為他做了一雙考究的錦絲編織鞋，他穿上這雙鞋，喜孜孜地在屋子裡走來走去，高興地說：「還是好的絲履鞋穿著舒服啊！」戚景通發現後，十分生氣地罵他：「你小小的年紀，穿這麼好的絲履，長大後就會要求穿更好的，吃更好的。一旦當了軍官，俸祿滿足不了你的欲望，你就勢必要侵占士卒的糧餉。」戚繼光委屈極了，他壯著膽子說明了鞋子的來歷，求父親息怒。戚景通弄明真相後，不

再責怪兒子，但卻拿剪刀把那雙絲履剪碎了，以表示訓子戒奢的決心。

戚景通不僅竭力制止兒子沾染奢侈享受的惡習，還十分注意對兒子志向的培養。一次，他問繼光：「你的志向何在？」繼光回答：「志在讀書。」他因勢利導，對繼光說：「讀書的目的在弄清忠孝廉節，就是要忠於國家，孝順父母，克己奉公，講求氣節。」戚繼光有感於老父親偌大年紀還關心國事，便決心不再追求安逸享受。他一面刻苦學習武藝，一面立志發奮讀書，一生中為保衛國家的安全度過了四十個戎馬春秋。

▌歷史評說

戚景通教子的忠孝廉節等內容，自然包括封建倫理道德的成分，現在看來似乎有點不合時宜。但在當時的歷史條件下，戚景通能教育兒子克己奉公，也是難能可貴的。尤其是他對兒子的簡樸教育，值得每一個家庭參考。

戚景通對兒子疼而不嬌，愛而不寵，十分注意戚繼光的勤儉品格的培養。他不為子孫謀家產，不斷地告誡兒子，要戒驕戒奢。看見年幼的兒子起了虛榮心，立刻嚴詞訓誡，並督促兒子勤奮讀書習武。正是這些品德教育使戚繼光成為一代愛國名將，為世世代代所敬仰。

「成由勤儉敗由奢。」成功由勤勞節儉開始，失敗因奢侈浪費所致，即使到了很富裕、很有錢的時候，這個樸素的真理也不會過時。培養孩子的「節儉」意識，不僅有利於養成孩子良好的生活習慣和作風，減少虛榮和浮躁，還能防止孩子在以後的工作中，因貪圖小利小惠而致失敗。倘若父母希望孩子有朝一日成就事業，就應該有意識地讓孩子建立遠大的志向，拋棄虛榮和驕奢，這樣有助於奠定兒女成功的根基。

但現在的孩子多數不懂得節儉，亂花錢、隨便浪費的現象相當嚴重。

有一所小學，遺失的物品堆滿了一間屋子，大至皮夾克，小至鉛筆、橡皮擦。學校多次廣播，要求孩子們去認領，卻沒有人去。最後，學校只有把這些東西處理給回收站了。這種現象不能不引起我們深思。

孩子不懂得節儉，家長也有責任。社會上的許多媒體分外「積極」地宣傳吃好、穿好、用好，刺激盲目消費的廣告形形色色。孩子也學會了從眾、追趕時髦，用攀高枝代替了競爭，比吃、比穿、比父母，卻不比修養與品德。很難想像，一個意志消沉和失去理想、從小大手大腳隨便浪費的人能創造一番事業，建立好家庭。

慧寶良方

「止奢當由少年始」，因此培養孩子的簡樸意識，已經是當務之急。

培養孩子節儉的品格，首先應該從家長做起

家長富起來，是好事，但帶動著孩子也「先富」起來，對孩子的物質需求「有求必應」就不妙了。對於一個已經有消費嗜好的成年人來說，尤其應該注意克制自己的消費衝動，並用樸素的話語和生動的故事來鼓勵孩子養成簡樸的作風。

有這樣一位母親，當她發現孩子將蛋黃和飯倒進垃圾桶裡時，沒有斥責、打罵孩子。一個星期天，她帶孩子去郊外採野菜，回來後做了一鍋野菜湯。孩子喝了一口說：「這是什麼？這麼難喝。」母親這才耐心地對孩子講起過去生活的艱辛，講起衣食得來不易，講起浪費的錯誤，孩子不好意思地低下了頭。

讓孩子了解家中的經濟狀況

孩子沒有必要知道家庭預算的每一個細節，但是，如果他們對家中的經濟狀況一無所知，怎麼會樂意接受家長在花錢方面對他們做出限制呢？一旦孩子長到了十幾歲，家長可以把全家的收入支出向孩子做個簡要的說明，使孩子能夠體諒家長的難處。

教孩子花錢，懂得累積，有利於他們學會珍惜物品、不浪費

教會孩子怎樣花錢。教育學家派特里夏告訴家長：「最重要的是給孩子一些可以自己支配的錢，當孩子得到不太多的錢時，他就會自己制定購買計畫。」家長可以從低年級開始，讓孩子學會認真思考再花錢，避免盲目消費。有些家長讓孩子「一日當家」、「記收支帳」，也是教孩子學會理財，培養節儉品格的好方法。

與孩子一起商量如何把剩餘的錢存起來。譬如建立一個銀行帳戶，教會孩子在存錢、用錢的過程中，培養節儉的好品格。

讓孩子經常參加勞務。透過勞務使其體會艱辛，懂得所吃、所穿、所用來之不易，隨意浪費是不珍惜勞務果實、不尊重勞務的表現，也有助於孩子養成簡樸的好習慣。

海瑞：以孝育子，重在樹人

　　孝是「立人之本」，一個有孝心、尊重長輩的孩子會更嚴格地要求自己，努力進步，也給家庭和他人帶來更多的溫馨與幸福。素有「南包公」美名的海瑞，就是在母親的辛勤教育下，學會孝敬母親，關愛他人的。

智趣故事

　　海瑞 4 歲喪父，由母親撫養長大。母親謝氏出身於書香世家，知書達禮、剛直勤儉。28 歲的謝氏依靠祖傳的十畝地租和編紗織布來維持生活。

　　海瑞自幼就陪伴在母親勞碌的身影旁邊，因此小小年紀就非常懂事。從海瑞 4 歲起，母親便教他認字、練字、朗誦詩歌，對他講做人的道理。

　　明正德十五年（西元 1520 年）十二月二十七日，是海瑞 5 歲的生日，母親帶他去蘇東坡的遺跡 —— 「雙泉」去遊玩。小海瑞玩得非常高興，便好奇地問起母親蘇東坡的故事。於是母親給他講了蘇東坡被貶來此地的原因，以及蘇東坡與兒子蘇邁發現「雙泉」的故事。當海瑞聽到蘇邁如何孝敬父親時，深受感動，他馬上對母親說：「母親，我長大後，也要像蘇邁孝敬他的父親那樣孝敬您。」

　　到了吃飯的時候，按照當地習俗，海瑞的母親煮了兩顆鴨蛋給他吃，以表示祝賀。海瑞一下子想到了蘇邁孝敬父親的故事，於是只吃了一顆，把另一顆留給了母親。

　　一天，海瑞問起母親：「什麼叫『無私』呢？」海母說：「不為自己，而為大家，就叫『無私』。譬如，泉水從地下噴出來，為黎民所用，它

就是無私的。」海瑞高興地說：「母親，兒以後一定做一個無私的人」。「好！」海母非常高興，緊緊地把兒子抱起來，舉得高高的。

待年齡稍大一些，海母還親自教海瑞讀《孝經》、《大學》、《中庸》等書。她還挑選了嚴厲通達的教師教育他。所以海瑞自幼便養成了剛強、正直、孝順和無私的好品德，並於日後成為名垂青史，剛正廉潔的清官。

▌歷史評說

古人云：「至樂無如讀書，至要無如教子。」在素有禮儀之邦譽稱的中華民族，教育好孩子是何等重要。從海母對兒子的種種啟發，可以看出她在海瑞的做人教育上用心良苦。

孝，是「善事父母」，因此海母非常重視透過詩書、典故等形式，來教育孩子。一個人如果不懂得愛他的父母的話，就談不上愛他人，海母深諳這個道理，她透過蘇邁孝敬父親的故事，生動地教育兒子做人首先要有一顆「孝心」，然後拓展為「無私」的教育。正是這樣的品德，才使為官廉正的海瑞成為後世所傳頌的「南包公」。

中華民族講究「孝」，它作為一切德行之源，亦是形成個人品德的根源。當然「不孝有三，無後為大」這樣迂腐的傳統孝道，的確有過時的地方，使人失去自由。但講「孝」並不完全等於「封建」，不是灌輸「愚孝」，束縛孩子的個性。「孝」是親情之愛，是生生不息的愛心。一個人是否孝順父母，直接影響著別人對他的評價，也影響他的社會行為規範。

在不講「孝」的美國，也有許多有識之士，不忘以身作則，培養後代敬老愛幼的習慣。曾經叱吒風雲的美國著名的廢奴運動領袖，約翰‧布朗（John Brown）的女兒這樣描述過：「我經常看到父親對祖父特別尊敬而親切。冬天臨睡前，父親總是把祖父的被子蓋好，夜裡還見他不斷地向

祖父噓寒問暖。」可以說，他為子女們樹立了孝敬父母，關心他人的優秀榜樣。

時下，在不少家庭中，孩子只知自己吃好的、穿好的，對自己愛吃的東西獨自享受，不知道和父母分享，不顧及父母的經濟力量，有些孩子連對父母的問候都沒有。這樣的父母真的應該擔心自己「養兒不防老」了。

當然，這種令人擔憂現象的出現，作父母的要承擔一部分責任。長期以來，家長對課業這種具體的事情似乎很在行，對孩子是否缺乏孝心則不那麼「拿手」。孩子缺乏孝心，家長一般會想：孩子還小，長大了就會懂事，懂得關心人。殊不知，待孩子長大後再加以管教實在是困難，就像要去除長了十幾年的「瘤」一樣。

慧寶良方

因此，家長需要把對孩子的「孝心」教育開始高度重視，先學會愛父母，然後愛他人，以培養孩子善良、仁愛的好品格。

重視對孩子進行「親情教育」

親情看似平凡，但是它的內涵卻非常偉大。有親情的孩子既能愛父母，也能愛他人，孩子重「親情」，自然就會有顆「孝心」。可是在人們眼裡「親情教育」的概念有些抽象，不像考卷、分數都是看得見、摸得著的，拿過來就能提出要求，表揚和批評的。

但親情教育就在生活中。有一位這樣的母親，一天她發現 8 歲的兒子正在指責年邁的爺爺弄髒了他的童話書。母親看到了急忙上前阻止，並語氣堅決地說：「我的家庭絕不允許這樣做」。兒子低下了頭，並鄭重地向爺爺道歉。這種基本的「親情教育」對培養孝心非常重要。

讓孩子守規矩、懂禮貌

禮節、禮貌並不只是要告訴孩子如何在飯桌上吃東西會說「謝謝」，還要教孩子做一個好人——關心父母，關心他人的人。事實上，一個舉止文雅、禮貌待人的孩子，也會尊重父母、對父母有「孝心」的。而一個經常對父母態度粗暴的孩子，則很難想像他能孝順父母。

治治孩子「吃獨食」的習慣

「吃獨食」是許多家庭都存在的現象，家長有什麼好吃的，都捨不得吃而留給孩子。真是「可憐天下父母心」。但我認為父母要與孩子一起分享好的飯菜、食物，才是對孩子最大的恩賜。記得有個「半個荷包蛋」的故事，母親煎了一個荷包蛋，為使孩子今後有個好品行，她不讓孩子獨吃，而與孩子每人各吃半個。這位母親在培養孩子「孝心」方面，有其獨到之處。一個不吃獨食的孩子，才能懂得愛父母。

不要讓孩子養成貪心享受的惡習

人一旦有懶惰豪奢之心，就必定利慾薰心，不顧他人，不體諒他人的感受。這樣的人，是不會愛父母、愛他人的。父母教子的時候，不能不注意到這一點。

顧炎武：教子以人格為重，成才須先成人

國際 21 世紀教育委員會報告提出了教育四大支柱：學會求知，學會做事，學會共處，學會做人。這不僅意味著「學會做人」已經成為教育和學習的根本目標，而且也給天下父母們一個很好的啟示：那就是無論哪個年代，學會做人才是根本。明清之際著名思想家和愛國志士顧炎武，他學識淵博，品格高尚。無疑，這得益於養父母對他的人格教育。

智趣故事

自從顧炎武過繼給叔父後，養父母一直將他當作自己的親生兒子對待。養父不僅教育他要做一個能文善武的人才，還教育他為人要正直。他多次強調，作為一個學者，應當有自己的見解，不能人云亦云，鸚鵡學舌；要著書立說，千萬不能像某些人那樣只當「抄襲公」。為此，他還親自輔導養子閱讀《史記》、《論語》、《戰國策》等著作。

養父母在注重顧炎武的學業進步的同時，還特別支持他練武功，強健體魄。他們專門為他請了當地有名的師父，教他操練刀槍棍棒。有一天，顧炎武被烈馬一連摔落三次，肩背負傷。養父母一邊忙著請醫生為他治療，一邊鼓勵他莫氣餒，再接再厲。因此，顧炎武的騎術也練得頗為精湛。

養母不但對顧炎武在生活上給予無微不至的關懷，而且十分注意對他的品德教育。她不主張累積家產留給孩子，經常教導顧炎武：「貧困固然不方便，但過富也不一定是好事。人必須依靠自己的力量，謀求生活。」

而且，她總是帶著顧炎武，將節省下來的糧食和衣物，施捨給困難的鄉鄰。這種樂於助人的美德，給幼年的顧炎武留下了深刻的印象。

此外，養母還常常給顧炎武講歷史名人的故事，諸如屈原忠君報國，怒投汨羅江；文天祥被俘後堅貞不屈，大義凜然；于謙16歲便作了廣為流傳的〈石灰吟〉等等。小顧炎武聽著一樁樁動人的故事，幼小的心靈裡也萌發了報效國家的種子。

後來顧炎武開始了旅行治學。他「墾荒種地，糾合同道，不忘興復」，足跡踏遍了河北、山西、陝西等地。但他從不肯乘車或騎坐馬車，只是牽著兩頭大騾子，馱滿圖書資料，每到一處就把實地考察的結果和書本上的記載對照參看，做出科學詳實的紀錄。因此，他所著的《日知錄》、《顧亭林詩文集》等作品，至今仍是人們研究明清之際社會狀況的寶貴資料。

▌歷史評說

著名音樂家貝多芬曾不止一次地告誡人們：「把『德性』教給你的孩子……」可見人格教育是家教的根本。對此，從顧炎武小時候的故事，也可以清楚地看到。

顧炎武的養父母給他的教育是最基本的人格教育。他們不蓄積萬貫家產，不求養子升官發財，一心只是讓他做個全面發展、正直、高尚的人。他們除了為顧炎武提供好的文化基礎，還重視他身體的鍛鍊。他們以身作則，教誨養子養成助人為樂的美德，還透過名人的故事來啟發他的愛國情操。基於這些偉大的品格，顧炎武不為名利，幾十年如一日謹慎治學，為國家奉獻了畢生的精力。

教孩子「學會做人」，是家庭教育的核心。那麼不論你的孩子是天才

神童，還是有特殊才能或優良條件，不論你想「養兒防老」還是「望子成龍」，父母對孩子教育的中心思想，都應該是努力培養孩子成「人」，成為具有優良品格、良好生活習慣和健全人格的人。

美國心理學家在對 1,500 名天才兒童經過 30 年的追蹤研究之後發現，他們當中，有的成了社會名流、專家學者，有的卻變得窮困潦倒、流落街頭。但他們結局不同的主要原因並不在於智力，而在於人格特點的差異。

長期以來，傳統的家庭教育中，相當普遍地存在著重保護教育、重智輕德的教育導向。有這樣一份調查顯示，中小學生因與父母相處以及讀書、考試而帶來的心理問題占 60％以上。家長「為了讓孩子讀書，盡量不讓孩子做家事」的占 27％。而且目前青少年違法犯罪現象普遍呈上升趨勢，還有許多帶著父母血汗錢上大學的偏鄉孩子，不僅不體諒與珍惜父母的苦心，反而在學校大肆揮霍。究其根源，無不是家長採取簡單粗暴或單一的教育方法，忽略孩子的人格培養造成的。可見，片面家庭教育的結果是，即便孩子智力發育良好，學業上出類拔萃，也會因為自私自利、缺乏責任感，無異於「人中之蟲」。

慧寶良方

一個人要想取得成功，僅有發達的智力是遠遠不夠的，個人的人格特點已經愈來愈影響著將來是否成材。同時引起更多人思考的是，家庭作為培養孩子健康人格的重要基地，該做些什麼？

關注孩子的全面健康

教育家陶行知說「健康是生活的出發點」。健康不只是身體的，還包括心理的、精神的、思想的健康。現在很多父母雖然也曉得把孩子的健康

放到第一位，但仍然沒有建立起全面健康的觀念和教育方式。

在現代社會，不但青少年的身體健康愈來愈令人擔憂，心理健康和思想健康問題也尤為突出。目前，許多大學每年都有學生因為心理問題而輟學或自殺，加上不斷上升的大學生犯罪現象，不能不說是家庭和國家的損失。因此，身為父母的首要任務就是關心孩子心理和人格的健康成長。

尊重孩子，培養獨立人格

家庭教育並不意味著「說教」、立「家訓」。人格教育，首先應以尊重孩子的生活、學習和情感為前提，建立良好的、平等的關係。孩子從父母對他的尊重中，也學會尊重父母和他人，學會獨立思考和獨立生活，形成獨立自主的人格特性。

父母良好的人格，令孩子受益匪淺

子女總是模仿著父母的，無論是行為舉止、思維模式，還是個人性格等。事實上，如果一個孩子生活在充滿愛心、仁慈和責任感的家庭，他日後也會成為健康、正直的人；若生活在一個充滿火藥味、野蠻和自私自利的家庭，他則很可能成為一個暴躁、毫無教養，甚至危害社會的人。

重視品德，成材先成人

「教育的唯一工作與全部工作可以總結在這一概念之中 —— 道德。」父母考慮孩子在學會做人上，往往偏重在知識和技能，其實良好的道德品格才是「成才」的基礎。「學會做人」先要學會做正直的人。「表裡不一」、「乖巧做人」，雖然短時間內似乎奏效，但對於長遠的發展來看，的確沒什麼好處。

胡宗緒：品德教育讓孩子成為優秀的人

　　許多父母在教育子女的時候，都會想到給他充足的營養、豐富的知識、開發他的智力……但對於如何培養孩子的道德品格卻考慮的不多。其實，良好的品德教育對孩子的健康成長是極為重要的。清代康熙年間著名的儒學大師胡宗緒，他的母親就十分重視品德方面的教育。

▌智趣故事

　　胡宗緒 10 歲喪父，撫養教育他的任務便落到了母親身上。幼小的胡宗緒在父親去世之際悲痛欲絕，一聲又一聲地悲號：「爹呀，您怎麼就這樣去了，娘和我們該怎麼辦呀！爹呀，兒讀不成書了。我要讀書！」胡宗緒悽楚的哭訴像針一樣扎在母親心上，胡母緊緊摟抱著兒子的頭，發誓說：「兒啊，有娘在！你一定能讀到書。」

　　從此，胡母白天拚命工作，承擔了所有農事，夜裡漿洗縫補，紡紗織布，她唯一的目的就是讓兒子能夠上學。日復一日，轉眼三年過去了，胡宗緒進步非常大。細心的母親高興之餘，發現兒子讀書的興趣很濃，什麼都閱讀，很擔心他看到不好的書走上歪路，於是，經常讓兒子把讀的書唸給她聽，然後憑著自己的社會經驗和閱歷，幫兒子選擇學習的內容。一天，胡母聽兒子讀程朱的書，講的都是如何做人的道理，便忍不住站起來，要求兒子不僅要多讀這樣的書，深刻領會書中的大義，而且要身體力行。她認為，只有這樣，兒子才能成為她所希望的人，才能成為國家的棟梁。還有一次，胡母聽到兒子讀司馬相如的〈美人賦〉，不禁勃然大怒，

立即喝令他停止，不允許兒子以後再讀這樣的文章。

不僅如此，胡母還十分注意從日常生活細節中教育兒子養成正直的品德。兒子出門時，她總是叮囑其要走正路；待兒子回家後，如果發現衣服被草上的露水打溼了，她就會斥責道：「奈何不走正路？從小不學好，正路不走，長大後什麼妄為的事也敢做。你要知道，歪門邪道是害人的泥坑，只有行得正，才能做正人君子。」

在母親的精心撫養和教導下，胡宗緒不僅在學業上大有長進，而且養成了正直誠實的品德，後來他官至國子監司業，成為清代德才兼備的儒學大師。

▌歷史評說

胡宗緒能成為清代受人敬仰的儒學大師，可以說是胡母教子有方的結果。

胡母不僅重視兒子的文化知識教育，含辛茹苦供子上學，而且極其重視兒子的道德教育，嚴格教育他如何做人。她鼓勵兒子不僅要讀書，還要對書上的道理身體力行，並叮囑兒子一定要走正路，依事引申，給兒子講述做人的原則。這在今天看來仍然十分寶貴。

從一般認知上看，家長們對德育是重視的，都希望自己的孩子是一個有道德的好人。因為只有那些擁有高尚的道德情操，崇高的做人原則，正直守信的人才能受人歡迎，受人尊敬。那些成功人士，多是有知識和能力，謙遜有禮、正直誠實的人，而那些弄虛作假、欺世害民的人，就算是智商再高，也難逃被唾棄的結局。

從調查中發現，家長同意「孩子從小應該德、智、體全面均衡發展」的占85%，然而，當把德育、智育、體育教育分成若干細項，請家長選擇目前最重要的教育內容時，家長們卻不約而同地把首要目標指向了智育。

為什麼在施教中會出現這種偏差呢？

最直接的原因可能是「高學歷社會」傾向的影響。一個人要得到滿意的社會角色地位，沒有文憑是不行的。再來就是德育的問題太抽象，不像功課那麼好盯。家長可能想：孩子還小，長大了慢慢就懂事了。於是就形成了這樣的盲點：只重視孩子的知識教育和智力培訓，忽視了孩子的道德教育和人格培養，造成許多孩子雖然學習成績好，卻自私、驕傲，不懂得為人處事的道理等等。

還有一些家長認為，知識學多了，道德品格自然而然就好了。這也是一種誤解。

慧寶良方

「優秀的品格，只有從孩子還在搖籃之中時開始陶冶，才有希望在孩子心靈中播下道德的種子。」現在隨著地球村意識日益增強，世界各國價值體系、意識形態的交流日益增多，人的品德教育與倫理價值標準也隨著社會的進步而發生變化。因此，對孩子進行科學合理且適合於未來發展的品德培養也就成了當務之急。

使孩子養成好習慣

「少成若天性，習慣成自然」，文明禮貌的行為習慣是從小開始長期實踐而形成的。因此，家長應該從小培養孩子的動手做習慣、衛生習慣、文明禮儀習慣等。要知道，好習慣終生受益，壞習慣終生受累。家長可以要求孩子從日常生活做起，自己的事情自己做，適當地做家事，注意個人環境衛生，培養敬老愛幼，待人和氣，禮貌待人，勤儉節省等良好品格，從大處著眼，小處著手，長期培養，點滴做起。

培養孩子誠實守信、奉公守法的好品德

教育孩子不隱瞞自己的過錯，要勇於改正錯誤。有的孩子待人不真誠，有說謊、私自拿別人的東西等不良行為，對此家長切不可掉以輕心。明智的做法是處處以身作則，當好孩子的榜樣，並堅決幫孩子改掉這些不良習慣。

培養良好心態

家長可以用現實生活中的實事、故事等來影響和教育孩子，幫助孩子形成開朗自信的性格、正當的興趣愛好、樂觀的人生態度。還可以鼓勵、支持他們參加各種有益的活動，以培養適應社會的能力、與人交往的能力，這些對孩子日後的人格形成，創力、家庭關係、社會關係的發展都十分重要。

我們已進入法制社會，教育孩子從小知法、守法，運用法律，有利於孩子將來在社會上更好地發展，開創事業，避免失敗，迷失方向。

周海嬰：性教育，給孩子健康的心靈

　　每個人都要面對成長，每個人在成長初期都有許多問題，不同的家長面對孩子的問題和疑慮，也表現出各種不同的態度。在看了魯迅與兒子的一段對話後，雖然魯迅先生並不是有意在對孩子進行性啟蒙教育，但他不迴避不敷衍，闡述生命起源和人類生存繁衍的作法，對於現在家長們來說，如果有需要對孩子進行「性教育」，或許有值得借鑑和仿效的地方。

　　無情未必真豪傑，憐子如何不丈夫。

　　知否興風狂嘯者，回眸時看小於菟。

　　這是慣於「橫眉冷對千夫指」的魯迅作的一首〈答客誚〉的詩，寫出了他對孩子的一片愛憐之情。

▋ 智趣故事

　　1929 年，魯迅「天命之年」喜得貴子，自然對兒子倍加疼愛。他認為，要認真對待孩子說的話和提出的問題，絕不可以挫傷孩子的求知欲，也不能敷衍孩子的好奇心。

　　小海嬰天生好奇，常常提出一些五花八門的問題。「天上有什麼東西？」、「桃子從哪裡來的？」對此，魯迅也總是不厭其煩地予以解答。有一次，海嬰問父親：「爸爸是誰生出來的？」魯迅回答：「是我的爸爸、媽媽生出來的。」「那爸爸的爸爸、媽媽是誰生出來的？」魯迅耐心地回答道：「是爸爸、媽媽的爸爸、媽媽生出來的。」「爸爸、媽媽的爸爸、媽媽，一直到從前，最早的時候，人是從哪裡來的？」魯迅又告訴他：「是

從子細胞 —— 單細胞 —— 來的。」然後，小海嬰仍然在問：「沒有子細胞的時候，所有的東西又都是從哪兒來的？」魯迅覺得，對物種起源的問題，詳細解答他又聽不懂，便撫摸著他的腦袋，笑著說：「等你長大一點，讀書了，先生會告訴你的。」

▌歷史評說

魯迅不但是一位文學巨匠，更是一位偉大的父親。他不僅注意孩子的求知欲和想像力，還善於教導兒子努力學習。

更值得注意的是，從魯迅先生對孩子的教育，看到了一樣與其他中國家庭不同的東西。除了對海嬰提出的問題有問必答外，還有就是對「性問題」的不迴避。像是解答「爸爸是誰生出來的？」，魯迅先生的做法很讓人欣賞，他沒有敷衍了事，而是耐心地解答，使小海嬰得到了滿意的答覆，不再追問。相對於許多家庭回覆孩子的答案，不得不說是非常進步的。

就像小海嬰提出的問題一樣，小孩子喜歡問「我是從哪裡來的？」「你是從哪裡來的？」這說明孩子的觀察力和思考能力達到一定程度，更深進一步地說，是孩子對性知識的最初渴求。亞洲的家長普遍喜歡順口說出「路邊撿來的」、「河裡撈出來的」、「樹上長出來的」等不切實際的回答。實際上，這樣的答案反而會使孩子更加好奇，進而很可能自己去猜測。

而對於孩子們，這只是對性探求的第一步，他的好奇心促使他們在成長的過程中，尤其是青春期的重要階段，會萌生更多的問題。這很正常，也很自然。對此，專家們一致認為，應該根據孩子的認知水準，父母自然、坦率地利用合理的機會，對孩子進行教育，使他們意識到一切都沒什麼神祕的。這樣，既滿足了孩子的好奇心，也滿足了孩子的求知欲，有利

於孩子心理的健康發展。

　　一位母親訴說:「我有一個女兒現在 15 歲了,她很小的時候有一次問我:『媽媽,我是從哪裡來的?』我順口說『路邊撿的。』沒想到前幾天,由於一件小事,我責備了她,她竟然暴跳如雷地說:『誰是我媽媽,妳不喜歡我,我去找我媽媽。』」那位母親聽後,如雷轟頂,她沒想到,當年隨意說的話,竟然給女兒留下了這樣的創傷。

　　遺憾的是,由於長期傳統思想的束縛,對性教育向來諱莫如深,從孩子對生殖器的好奇,到男女發育、戀愛等問題,都蒙上了一層神祕的面紗。而且愈是遮掩,孩子愈是好奇,一旦他們意識到自己的話使父母不自在,就不會再提了,但實際上,性知識會從其他管道滾滾而來:朋友、同學、書本、雜誌或電影,反而影響孩子的健康成長。

▌慧寶良方

　　放眼世界,性教育早已不是新鮮的話題。在瑞典,甚至由政府出面,對孩子的父母先進行青春期的性教育,而且還要考試,可謂是用心良苦。那麼我們的家長,應該怎樣幫助孩子步入健康的人生軌道呢?

要有坦誠的胸懷與輕鬆的氛圍

　　當孩子提出性疑問的時候,父母要開誠布公地回答,而不要裝腔作勢、說謊,說話的態度不能馬上嚴肅起來,或者高聲訓斥,造成一種神祕感,更激起孩子對性的好奇。如果家長和子女一直能夠在輕鬆愉快的氣氛中,坦誠地談論問題,那麼他們將無話不說。

要注意教育的方法和內容

　　對於性教育不要太直接,「兒子,過來,老爸跟你說點性知識」是絕

對不行的。只有當孩子表示好奇並詢問有關問題的時候，才能用適合他們理解能力的知識語言回答，不要超過他們的發育階段，也不要刻意引發他們好奇。

《我嫁給了暢銷書作家》的作者希拉·黑利（Sheila Hailey）曾坦言，直白和坦率不會令父母感到尷尬。在一次她回答女兒們關於性的問題後，8歲的女兒簡單地說：「我明白了！」女兒的態度令她輕鬆了許多。

關注孩子的青春期

孩子進入青春期時，要及早向他們傳授基本的生理知識，耐心自然地講明道理，消除孩子不必要的疑慮和恐懼心理。

一位著名女導演對自己的月經初潮曾經這樣回憶：「我跑進廁所，關上門哭了。覺得自己很不幸，很痛苦，而它將伴隨我大半個人生。」是啊，大多數女性和她一樣，沒有人告訴一個正在成長的女孩那意味著成熟。一段本該最陽光燦爛的時期，卻被粗糙地打磨了，還蒙上了那麼多「哀怨」。

所以家長要認真地對待孩子的發育，再向他們進行性知識，讓孩子了解心理變化，使心理得到正常的發展，並講一些有關戀愛、婚姻、法律等社會生活知識，提高孩子的鑑別能力、自我保護能力和抗壓性。

父母要保持一致的態度，正面引導，給孩子安全感和歸屬感

父母是孩子最親近的人，孩子的變化父母最容易看到。因此，幼兒期間的性疑問，青春期的迷惑、憂慮等，「堵不如疏」，家長要盡可能地搶先孩子一步思考，出現問題時要冷靜地對待，要公平地、實事求是地和孩子講道理，給予關懷、愛護和體貼，保護孩子健康成長。

胡適：精心打造成長的良好環境

　　好的環境是孩子成才的必要條件。要想培養出博學多問的子女，就必須為子女提供良好的成長環境。當然這裡的良好，並不單純意味著舒適的物質環境。中國知名學者胡適，他的家庭雖然貧窮，但帶給他的精神糧食卻是非常「富有」的。

▌智趣故事

　　胡適出生於安徽，父親早年病故，母親馮順弟便擔負起教育胡適的重任。馮順弟受丈夫影響很深，她常常對兒子提到丈夫生前的種種優點，說：「我一生只曉得你父親是一個完全的好人，你要學他，不要丟他的臉。」每天晨光微露時，胡母就把兒子叫醒，催兒子快去上學，刻苦讀書；放學後又督促他把該背的背熟，該寫的作業寫完。胡適特別喜歡讀書，他一有時間便捧起線裝古書閱讀，常常入了迷，母親看在眼裡，心裡也很安慰。

　　小時候的胡適既聰明又調皮，也免不了胡鬧。每逢胡適做錯了事，胡母從來不在人前責備他，只用嚴厲的眼光一瞪，胡適就被嚇住了。到了夜深人靜的時候，胡母才關起房門教訓他，以免傷了兒子的自尊。

　　一個秋天的晚上，天氣轉涼了，胡適穿著單薄的衣裳，站在庭院裡眺望星空，母親關切地說：「天涼了，快進屋穿件外套吧！」胡適看星星看得正起勁，竟然向母親頂嘴，還說了句非常刺傷母親的話。後來胡適意識到自己闖了大禍，跪著一直哭，並不斷地揉眼睛。結果患了一年多的眼翳

病，請了許多醫生也治不好。後來胡母聽老人說用舌頭舔可以治好，便每天用舌頭去舔兒子的眼睛，居然治好了。

胡適天資聰慧，加上母親管教有方，11歲時已經能用硃筆點讀《資治通鑑》，而且別出心裁，自己編了一部《歷代帝王年號歌訣》。這本歌訣傳到當地知府大人手中，知府大人殊為賞識，命人用宣紙印了數百本發行。胡適從此得了個「小神童」的稱號。

然而，這一時期，家裡的經濟情況每況愈下。為了賺錢貼補家用，胡適便幫助舅父管理中藥店的雜務，但是胡母想起了丈夫生前「你要盡力讓他讀好聖賢書」的囑咐，胡母毅然送12歲的兒子去上海求學。這是胡適第一次離開母親，心裡非常害怕和不捨。正如長大後的胡適所回憶的，「所有的防身之具只是一個慈母的愛，一點點用功的習慣，和一點點懷疑的傾向。」

▌歷史評說

胡適的家境貧寒，母親只是一位普普通通的婦女，她為人樸實，也並非懂得多少教子理論，卻能夠培養出一位學貫中西的大學者，可說歸功於她為胡適苦心營造的良好的成長環境。

其一，基本的物質基礎。儘管胡適的家庭並不富裕，但是胡母仍然千方百計為兒子創造學習的機會和條件。其二，胡母有著對兒子深刻、樸實的愛。愛是一種特殊而有效的教育方式。其三，胡母雖然文化程度不高，但她崇尚知識，崇尚文化，一心想讓兒子能讀書，做一個有學問，有修養的人。這些都是胡適的成功的基礎。

正在成長中的幼苗需要養分。蘇聯教育家蘇霍姆林斯基（VasilySuk-homlinsky）說過：「良好的情感是在童年時期形成的，如果童年蹉跎，那

麼失去的將永遠無法彌補。」因此，孩子性格的養成、品德的培養以及未來的才能發展，都與這一時期的環境有關。值得慶幸的是，現在大多數家庭都在愛孩子與提供物質方面，盡了最大的努力，並給予子女豐沛的感情，創造舒適的生活條件。

但是，作為父母，僅有愛是遠遠不夠的，還要善於教育。有調查顯示，父母的教育程度與孩子的智力發展之間是有密切關係的，因為教育程度較高的父母，比較重視鍛鍊孩子口語、閱讀及寫作、獨立思考與其他能力方面的培養。

當然這不是說只有才能出眾的父母，才能教育出出色的孩子來。「詩書傳家久」的書香門第自然有優勢，但是牛頓是個遺腹子，曾參的母親是個紡織女工，安徒生的父親是個窮鞋匠……這些家庭都沒有採取「順其自然」的態度，而是傾注了滿腔的關心和愛護，並為孩子成材做了很多事情。反之，如果父母很少有時間照顧孩子、愛孩子，或者過於強調孩子的金錢觀，讓孩子早早脫離了教育的軌道，終日如脫韁野馬，那麼，再富裕的物質生活，也難以培養出思想上富有的孩子。

▌慧寶良方

可見，只要正確地處理孩子的教育問題，自己的家庭也有可能成為天才的搖籃。

提供生存和生長的客觀環境

父母要為孩子提供必要的、基本的生活條件，讓孩子能夠得到健康的成長。一定的物質基礎能夠為孩子進一步學習、深造提供必要的保障，滿足學習需求。

當然，經濟情況不好的家庭也不必妄自菲薄，在許多世界知名學府裡，有大量的學生來自於貧困家庭，甚至有些人連學費都繳不起，父母知識水準也不高。可在激烈的競爭中，他們能夠過關斬將，進入清華，其中很大的原因都在於，他們的父母雖然沒有讀過什麼書，但都能夠提供給他們一個崇尚教育的、積極向上的氛圍。

真摯的情感養分是孩子成長的「頭號食物」

父母及親友對孩子真摯的情感，和這種情感正確表達的方式，對於孩子的健康成長非常重要。在一次對多名學測榜首的調查中，專家得出了這樣的結論：溫暖、民主、輕鬆的情感是充分發揮孩子個性和學習潛力的基礎；而嚴厲、溺愛、過分保護、干涉都會成為成長途中的絆腳石。

良好的風氣是培育天才的重要客觀環境，家長有必要從教育自己做起

在孩子智力發展完全之前，能否從周圍環境中獲取知識，獲取什麼樣的知識非常重要。為了培養出色的後代，家長們還須從自己開始：

✧ 提高自身的思想修養和道德品格。

✧ 努力提高自己的科學素養，營造一個積極向上、追求上進的文化氛圍。

✧ 學習教育學和心理學的基本知識。這些知識可以幫助家長更好地了解孩子和懂得怎樣教育孩子，讓孩子健康茁壯地成長。

郭沫若：行為教育，讓孩子更社會化

社會看上去不是你的，不是我的，似乎好壞都與個人沒有多少關係。但事實上，社會化行為不僅與每個人有關，而且還是衡量一個人是否優秀的標準。中國現代著名作家、詩人郭沫若為人博學嚴謹，熱心公眾事業，而這，與他家庭的嚴格要求是密不可分的。

▌智趣故事

郭沫若家風淳樸，父親郭朝沛是一個商人，由於懂一點醫術，為人又慷慨大方，樂於免費行醫送藥，深得鄉里人的敬重。父親還常向子女灌輸「積金不如積德，善雖小，不可不為」這一基本準則。

郭沫若的母親是一位德才兼備的女性，她雖未讀過書，但耳濡目染也識得一些字。郭沫若很小的時候，母親就常常教他讀詩，給他講做人的道理：尊老愛幼、路不拾遺、誠實守信和真誠助人等等。

郭沫若 5 歲那年，母親犯了暈眩，整天嘔吐，在病床上呻吟。郭沫若看到母親生病，終日悶悶不樂，在床前依偎著母親，希望母親的病早日痊癒。

一天，他聽說一個偏方——芭蕉花能治暈眩。可是芭蕉花很難弄到，即使能買到，價錢也很貴，因為芭蕉在四川不易開花。此後，在他幼小的心裡便經常想著怎麼能摘到一朵芭蕉花，好給母親治病。可巧的是，一次郭沫若與二哥路過一個叫做「天后宮」的會館時，忽然發現了一棵正在開花的芭蕉，他頓時又驚又喜，於是和二哥商量之後，他們把那朵芭蕉

花偷摘了回去。

就這樣兄弟倆興高采烈地回了家，遠遠就高聲喊著：「弄到芭蕉花了。」母親躺在病床上，有氣無力地問孩子是從哪裡弄來的？郭沫若驕傲地說：「從天后宮旁摘的，沒人看見。」他們滿心以為會得到母親的誇獎，沒想到母親生氣地說：「去把事情的原原本本告訴你父親，然後到大堂上給我跪下，反省你們今天做的事！」

年幼的郭沫若一邊委屈地想「芭蕉花又不是誰家的」，一邊擦眼淚。母親厲聲對他們說：「做人要堂堂正正，不是你的東西就不許拿，因為那是大家的。你們認為這是小事，小事是大事的開始，要記住古人的訓誡『勿以惡小而為之』。」

歷史評說

從郭沫若的家教故事可以看到，郭家非常重視子女的公德心教育。他們並不懂得孩子的「社會化」教育，但是他們樂善好施，以德立業，為孩子們的品行和良好的社會化行為，樹立了很好的榜樣。在郭沫若哥倆眼裡，「芭蕉花」是沒有主人的，所以摘了就摘了，但卻遭到了母親的斥責，因為母親認為這是沒有公德心的。

應該說這是郭母以責代愛的表現。她對孩子遵守公德的教育，在今天看來，實則是提升孩子「社會化」意識的手段。而這恰恰也是現代家庭的薄弱一環。

什麼是孩子的社會化？社會化就是孩子參與社會生活、與人交往，包括信念、價值觀、行為方式等等。孩子終究要長大，要獨立進入社會，成為社會的一員，參與到社會生活中。社會化要求人們尊老愛幼、克己奉公、愛護公物、講究衛生等等。這個時候一個人的行為就不再只是個人行

為，而是一種社會行為，是要對其他人產生影響的行為。因此，社會化是人才必備的一種能力。

在公車上，經常會看到一些人面對年逾花甲的老人站在自己身旁，而漠然視之；看到新聞說某無人車站，從售票機裡清理出一大堆的代幣、遊戲幣；看到一對陌生人因為小事而當眾出言不遜、口出惡語。至於隨地吐檳榔汁、亂扔垃圾更是司空見慣。可以斷言，這些生活意識差，沒有公德心的人，走到哪裡都是不受歡迎的。

而在現在的家庭教育中，不少父母把注意力放在智力和個人技能的教育培養上，忽略了孩子與外界的接觸；許多孩子只讀書，與社會脫節，嚴重的，對他人包括同學也不理會，不忍讓。要知道，具有社會化意識的人，不僅僅會說「謝謝」。柴契爾夫人教育孩子，從小養成彬彬有禮的習慣和參與社會的能力；著名女作家賽珍珠（Pearl Sydenstricker Buck），在父母的支持下，投身於中國，和藍領女子共同工作。這樣的家庭不勝枚舉，他們都積極地教育子女的社會化問題，以幫助子女早日成才。

慧寶良方

可見，加強子女的社會化教育，還需我們的父母提高意識並落實行動，讓每個孩子，早日接觸社會，從小就學會對自己的行為負責。

孩子的社會化教育要從小開始

人的許多習慣、認知不是一蹴而就的，而是在生活中點點滴滴逐步養成的。孩子本是一塊天然的璞玉，雕琢得不好，才成了一塊毫無光澤的石頭。因此，為人父母應當從孩子懂事起，就把公德教育作為重要的「必修課」，讓孩子從小學會尊老愛幼、助人為樂、愛護環境等正確觀念。

發揮自身榜樣的力量，以身作則

父母的舉動是孩子最真實的教材，相較於他們的耳朵來說，孩子更相信自己的耳朵。所以，父母要身體力行，遵守和維護道德秩序，才能使孩子模仿並養成好習慣。

教育孩子「小惡」不可為

著名戲劇表演藝術家舒繡文，很重視孩子的品德。一次，舒繡文得知自己上小學四年級的兒子兆元搭火車沒買票，非常生氣，立刻批評兒子：「別以為 5 分錢是小事，發展下去會犯罪的！這是失人格的事。」當天晚上她就帶著兒子趕到火車站補票，並做了自我檢討。

宋朝蘇軾提出「防微杜漸，蓋有深意」。「微」是事物的開端，就是在告誡人們，壞思想、壞作風剛剛冒出頭的時候，就要加以制止，不使其發展。家長一旦發現孩子有不遵守道德秩序和損害他人利益的行為，就要及時糾正，不要等到「亡羊補牢」那一天。

加強孩子的勞動教育

蘇霍姆林斯基指出「體力勞動對於小孩來說，不僅是獲得一定的技能和技巧，也不僅是進行道德教育，還是一個廣闊無垠、驚人豐富的思想世界。這個世界激發著兒童道德的、體力的、智力的、審美的情感，如果沒有這些情感，那麼認識世界（包括學習）都是不可能的。」而教育勞動正是從小培養孩子自立、自強、責任感、同情心的基礎教育。正因為如此，父母有必要讓孩子從小做一些能力所及的事，參與學校和社會的公益活動，為培養他們走向生活，進入社會的積極準備。

徐悲鴻：循序漸進，打好前進基礎

著名京劇表演藝術家荀慧生曾經說過一句話：「沒學會走先學跑是不成的，不但跑不快，跑不好，而且要摔跟斗，反倒停滯不前。」這句話很明白地給不會走而先想跑的人打了預防針。美術大師徐悲鴻就是在父親的教育下，初學繪畫便邁出了堅實的步伐。

智趣故事

徐悲鴻的父親徐達章，是當地一位小有名氣的畫家，他淡泊寧靜，不慕功名。也許是秉承了父親的繪畫天賦，徐悲鴻 6 歲開始和父親讀書時，便整天纏著父親要學畫畫，可徐達章卻沒有同意，徐悲鴻雖不理解，但還是抑制不住畫畫的衝動，躍躍欲試。

一次，父親對徐悲鴻講《論語》中勇士卞莊子一人擒住兩隻猛虎的故事。徐悲鴻聽後不禁聯想：老虎到底是什麼樣子呢？我也要把老虎畫下來。於是，他纏著要父親教他。可父親卻說，你現在學畫老虎還早著呢！徐悲鴻吃了個「閉門羹」，很不服氣，又找到一位會畫畫的大人，請他畫了一隻老虎，而後照著樣子，仔細地描了下來。父親看了徐悲鴻的「大作」後，笑著問他畫的是什麼？小悲鴻自豪地回答：「是老虎啊！」父親故作驚訝地瞪大了眼睛：「這是老虎？不對不對，這分明是一條狗嘛！」徐悲鴻當頭被潑了一盆冷水，眼淚險些掉下來。他不懂：身為畫家的父親，為什麼不讓自己學畫？

這時，父親終於道出了自己的想法：「畫畫必須親自用眼睛去觀察實

物，你沒有見過真的老虎，就不可能畫出逼真生動的老虎。孩子，你現在還小，應該首先奮發讀書，打下扎實的文化基礎。只有累積了豐富的知識，學習繪畫才算有了根基。所以，你現在的當務之急就是讀書，以後再學繪畫也不遲。」

弄懂了繪畫與讀書的關係後，徐悲鴻開始在父親的諄諄教誨下勤奮讀書。9 歲時，他已經讀完了《詩經》、《尚書》、《禮記》、《周易》等。父親看時機漸漸成熟，便開始指導徐悲鴻學習臨摹，還常常帶著徐悲鴻去河邊散步，教兒子觀察大自然；同時，他一再告誡徐悲鴻：要想學好畫，必須以生活為本，多多把眼光投向社會與人生。

因為家境貧寒，無力送孩子去學堂讀書，徐達章仍然盡自己最大的努力教育徐悲鴻。由於掌握了基本知識和學習要領，徐悲鴻的學術知識與繪畫技能都飛快地進步著……

▌歷史評說

無論做什麼都要循序漸進，教育也是如此。徐父的方法正說明了「良好的教育如時雨化之者」，也就是說好的教育如同及時雨，育化萬物、滋潤草木，既要合乎需要，又要促其成長茁壯。小悲鴻滿腔熱忱地急於畫畫，可這時候父親不但沒有讚揚，反倒是潑了冷水，可謂用心良苦。正如他所說的，只有累積了豐富的學術知識，學習繪畫才有了根基！於是他先教導徐悲鴻苦讀詩書；繼而學習臨摹；同時培養觀察力，親自參與，為其鋪了一條穩固而扎實的藝術之路。

所謂「知下學而自然上達」，人的理解力、思維能力、判斷力、創造力這些潛在能力都是按照一定的順序、階段和規律一步步發展起來的。學習要抓住基本知識，不能好高騖遠，也不能夠停滯不前。

詩人雪萊（Percy Shelley）說得好：「只有打下良好的基礎，才能建成永遠屹立的大廈，那將光芒萬丈地得到全世界人民的眼光。」人的發展就好比蓋大樓，摩天大廈平地而起需要穩固的地基，然後才是一磚一瓦地層層建造，倘若沒有底下的地基，就如同搭建空中樓閣；但是如果空有好的地基，而不添磚加瓦，一樣沒有雄偉的大樓。塑造孩子的成功，也要遵循這個道理，透過知識的累積，對事物的理解力和接受能力也逐步提高的時候，再進行更高層次或者專業的學習，自然水到渠成。

值得深思的是，許多望子成龍、望女成鳳的家長們，讓孩子參加繪畫、書法、音樂等各種才藝班，培養他們的藝術特長，這本無可厚非，但是，有的父母急於求成，忽視了孩子基本功的訓練，尤其是學術知識的學習，沒有文化的底蘊是達不到藝術高峰的。不知道家長過早地將孩子送到各種各樣的才藝班去的時候，有沒有想過，孩子是否接受得了，這樣做是否會導致「揠苗助長」的結果呢？如此盲目的教育，不知會葬送多少有潛力的人才！

慧寶良方

家長大多希望自己的孩子早日成功，但是這種急切的心理，使孩子不會走就先學跑，揠苗助長，縱然耗時、耗力，也難有成就。學習是細嚼慢嚥的功夫，唯有循序漸進，打下穩固的知識基礎，才能有所前進和突破。

三角式累積

「三角形」大家都不陌生，在這裡我們拋開純數學上的含義，以人們學習的過程而言，可以勾勒出這樣的結構。

在這種學習系統中，小學到中學進行的是一種廣泛全面的普及教育，

即打基礎；高中二年級開始分文組與理組，學習的範圍縮小，形成了最初步的分類；進入大學，細分為各種不同的科系，加深了專業的強度；讀到碩士、博士、博士後研究生，則研究學習的範圍縮為一個點或單一方向，其專業水準則可達到至高點。

眾所周知，三角形最牢固，是「穩定圖形」。正三角形的底邊愈寬，其高度就愈高；反之，則愈低。由此可見，基礎知識打好了，才能遵循著規律，循序漸進地向高層次前進。任何人都不可能跨過底邊這一層，忽略了它，則意味著底邊縮短，高度也就隨之降低。所以，明智的家長應該尊重這個規律。

合理地為孩子選擇專長

有一則諺語講得好，「聰明人接觸所有的知識，但他是精通一門來認識世界」。孩子在有了一定的學術基礎知識後，家長可以根據孩子的興趣，或者是家長的期望來培養孩子，但切記不能操之過急，要在孩子接受的前提下，逐步前進。

不斷地充實

也許，你的孩子在某個時期，某些專長已經超越了其他人，但倘若停滯不前的話，前面的努力將付諸東流，正因為「充電」的工作時刻不能停，所以在大學，許多學生明明有了專題研究，還要加選選修課和通識課，並積極地考取更高的學歷；同時在工作中也不斷學習，提高自己的修養。

茅盾：熱愛知識，讓孩子從愛書開始

　　一位教育家不止一次地告訴天下的父母：「熱愛讀書，是你可以贈給孩子最偉大的禮物，它比你花很多錢安排孩子上私立學校更好，比你贈送孩子一臺電腦更好，甚至比哈佛大學的學位更好。熱愛讀書可以改變一切。」事實上許多有成就的人，得益於童年時代愛好讀書的習慣，比如說文學巨匠茅盾，就是如此。

▌智趣故事

　　茅盾 5 歲那年，父母商量著對兒子進行啟蒙教育。他們挑選了《字課圖識》、〈天文歌略〉和〈地理歌略〉作為茅盾的主要教材，還根據《史鑑節要》，用文言編成一節一節的歌訣作為歷史讀本。除此之外，母親還喜歡講故事給茅盾聽。

　　小茅盾很喜歡聽故事，每當母親講歷史故事或中國古典小說時，他都聽得津津有味。如果說，茅盾的文學啟蒙是母親的「口頭文學」的話，父親藏的「閒書」，則使茅盾對文學產生了濃厚的興趣。茅盾的父親愛看書，並收藏了許多古書。茅盾最初看的「閒書」是家中木版的《西遊記》。雖然書已經很破了，但他仍然看得饒有興致。在當時，小說之類被稱為「閒書」，儘管成年讀者大有人在，但這些成年人卻往往不准許孩子們看。一些好心的長輩還對茅盾父親說：「老不看三國，少不看水滸，這些書少看為妙。」但父親卻說：「看看這些『閒書』沒有壞處，至少可以增長國文知識，還可以曉得社會上的事。」他還叫母親把一部石印的《後西遊記》找出給孩子看。

未被潑冷水，反而受到鼓勵，茅盾再也不必「偷偷摸摸」，開始光明正大地讀起「閒書」來。他經常是天一亮就翻開書，很快讀完了《三國演義》、《水滸傳》、《聊齋誌異》、《儒林外史》這些古典小說名著；長約百萬字的《野叟曝言》幾天他就看完了。讀了之後，茅盾還歡喜地複誦，向同齡孩子講起魏蜀吳的故事、西天取經的神話，滔滔不絕，繪聲繪色，就連年長的人也湊過來聽。家裡的藏書遠遠不能滿足茅盾的需求，母親便鼓勵他出去借書。就這樣，茅盾過足了「書癮」。

茅盾 10 歲那年，父親病逝，母親便獨自擔負起撫育兒子的重任。她頂著來自家庭的壓力，毅然把茅盾送到湖州去念中學，隨即又讓他去北京大學深造，使茅盾受到最好的教育。

▌歷史評說

茅盾能夠成為一代文學偉人，一言以蔽之，與他豁達開明的家庭教育是分不開的。

茅盾從小就是一位書迷，書給茅盾的童年生活帶來樂趣，開闊了他的眼界，鋪成了茅盾進入文學殿堂的道路。母親給他講故事，父親不僅自己藏書、讀書，而且還支持、鼓勵兒子讀書，並精心研究哪種書才能更好地對孩子進行啟蒙教育。從「偷」讀到「光明正大」給別人講故事，可以說是茅盾的父母給予了莫大的支持和理解。

大文豪高爾基（Maxim Gorky）說過：「我覺得，當書本講到讓我聞所未聞，見所未見的人物、感情、思想和態度時，似乎每一本都在我面前打開了一扇窗戶，讓我看到一個不可思議的新世界。」的確，「開卷有益」，書是人類智慧的結晶，是人類進步的階梯。知識伴隨著每個人的成長，而傳授知識應該從小培養，從各個方面的書籍，培養他的想像力。

小孩子好奇心強，求知欲旺盛，記憶力也好，他們對知識的渴求，就像是海綿吸水一樣，你給的他水多，他吸收的也就多。因此家長應該注意培養孩子愛讀書，訓練他們思考和學習的能力，陶冶他們的性情和興趣。

但有些家長不當的教育方式，可能導致孩子對讀書「感冒」，長大了，想再引導他們讀書學習，就更難了。家長們常在一起抱怨自己的孩子「整天玩遊戲上網，一點也不想念書」，還有一部分家長，只允許孩子看學校課本，對於其他的課外讀物及遊戲活動則不予批准。是什麼使孩子遠離了書本呢？其實道理很簡單，行駛在長途公路上的司機特別危險，因為一直保持高度緊張，而眼前幾乎是同樣的風景，人就疲憊了。讀書學習也一樣，需要不同方面的資訊刺激，以達到自我調節的目的。

▌慧寶良方

引導那些不情願讀書的孩子熱愛讀書，可能是一個漫長的過程，但是不要對孩子失去信心。對此，美國前第一夫人芭芭拉‧布希（Barbara Bush）在培養孩子讀書方面，做了精心的策劃，苦惱的家長不妨借鑑一下。

✧ **培養孩子讀書的興趣，越早開始效果越好**：有些父母認為，幼兒的理解能力低，唸書給他們聽似乎很浪費時間。其實，當他們瞪著眼睛聽你唸書的時候，他們的語言和理解能力正在悄悄地發展。所以，父母有必要從孩子很小的時候，就為其大聲朗讀，讓他們養成愛讀書的習慣。

✧ **讀書要遍及整個家庭中**：儘管成年人可能會把讀書視為一項個人活動，但孩子們卻希望參與。小孩子們不僅喜歡聽人家給他們讀書，而且喜歡和父母一起讀書，以及聽到指導與講解。所以，家長最好盡量

騰出時間，營造一個家庭讀書的氛圍，這將對孩子愛上書是非常有利的。

✧ **隨時可以讀書**：研究顯示，在充滿書籍的環境中成長，兒童的讀書興趣和閱讀能力會提前發展。父母可以利用不同的場合、物品來教導孩子，比如報紙、雜誌，甚至包裝紙上的文字說明等，處處都可以讓孩子學習。

✧ **幫助孩子選擇好書**：教育家認為，兒童需要那些與他們的年齡、興趣及能力相符的書籍，他們也喜歡題材豐富多彩的書籍。父母應該注意隨著孩子的年齡，為他們挑選書目，同時要引導他們「以外養內」、「以博養專」。

✧ **讓讀書結合實際，生動有趣**：芭芭拉‧布希在讀書的時候，常常問孩子，故事的結局是怎樣的。一次在給孩子們讀大象的故事時，她突然問：「大象吃什麼呀？」後來孩子們也學著她的作法，時時提出問題。這時，孩子們的想像力像張開了翅膀，讀書活動也變得更生動、更有趣。這種積極的邊讀邊問，或者留下「尾巴」，讓孩子發想結局，對提高孩子的讀書興趣非常有益。

✧ **在孩子能獨立閱讀以後，仍然堅持和他們一起讀書**：很多專家建議，在孩子 12 歲以前，和他一起讀書，會比他自己讀書獲益更大。另外，父母還可以主動為他們提供一些有益的書籍。儘管孩子長大了，還保持著父母共同讀書的習慣。總之，從小培養孩子讀書的濃厚興趣，會使他們終生受益。

冰心：幸福家庭是培育孩子成長的溫床

　　幸福的家庭是相愛的，有愛的家庭才有陽光。一個從小生活在融洽和睦家庭中的孩子，也會成為一個充滿愛心、充滿自信的人。作家冰心就是在這樣的家庭中成長的。我們讀過她的《寄小讀者》、《繁星》等，這些作品裡無不流淌著溫暖人心的愛。

▌智趣故事

　　冰心的父親謝葆璋是一名副艦長。母親楊福慈，是一位性情溫柔的女人，是當時不多見的、有文化的賢妻良母。

　　冰心有三個弟弟，但她沒有因為是個女孩而受到冷落，相反，由於她是唯一的女兒，成了父母的掌上明珠。在她的記憶裡，父母感情極好，他們幾乎沒有吵過架，總是和和氣氣的，從不強迫孩子們做自己不喜歡的事情。他們的小家庭總是充滿溫暖和諧的氣氛。

　　因為父親常年在外，所以每次回來對孩子們更是珍惜，一回來就和妻子帶著孩子們玩。早上幫助妻子給冰心梳頭；他拿著照相機，哄著女兒，嘴裡柔聲柔氣地說：「站好了，站好了，要照相了！」一邊說，一邊擺出照相的架勢來。

　　有一年謝葆璋回家後，大家庭裡的伯母、叔母們都催促他給冰心穿耳洞。謝葆璋一方面覺得沒有什麼必要，另一方面心疼孩子年紀小，他就問冰心說：「妳想穿耳洞嗎？」小冰心搖搖頭說：「一點也不想，還要穿出小洞來。」父親就藉口推脫：「你們看她左耳垂後面有一顆聰明痣，把這顆

痣扎穿了，孩子就笨了。」

冰心與母親的關係也非常好，母女倆常常緊緊依偎在一起，小女孩有什麼成長的心事，都會悄悄告訴母親，母親也給冰心講關於她自己的故事，給她念書，輔導她功課，教育她疼愛自己的弟弟和其他的夥伴。當她遠離家人到美國留學的時候，她的弟弟們常常寄去好長的書信，告訴她：從松樹間隙穿過的陽光，就是你弟弟問安的使者；晚上清涼的風，就是骨肉手足的慰問！

▌歷史評說

冰心是在愛的氣氛中成長的。家庭的和諧溫馨，使這個聰穎過人的小女孩，形成了善良的心地與溫和的性格，她的文學作品往往也帶給人們一種如沐春風的感受。

冰心的父母總是和和氣氣，對孩子講話的態度也是柔聲細語，而且每一個家庭成員都互相關愛。冰心的父母對孩子極富耐心，陪同孩子一起玩，一起讀書、談心；作為父親也能夠為孩子梳理頭髮，展現了父母的疼愛。另外從給冰心穿耳洞的小事上可以看出，他們沒有遵從大家庭的習慣，而是徵求冰心的意見。這種父母對幼小孩子的尊重，對冰心樂觀豁達、積極向上性格的形成非常重要。

一個人的一生總是離不開家庭的。年幼不懂事的時候需要家庭來照顧；上學了需要家庭的引導、支援和幫助；工作了家庭就是大後盾。有一個溫暖穩定的家庭，人心裡才會踏實。對於任何一個人來說，無論在性格上、情感上，還是知識面上都受到家庭的影響。做一個有愛心而又明智的家長，應該從根本上關愛孩子；不光是關心孩子的身體，還要關注他們的心靈，尊重他們的想法，因為溫暖和諧的家庭氛圍有利於孩子人格的發展

和積極向上的企圖心。

而生活在無愛的家庭裡的孩子，就像是生長在瓶子裡的花朵，雖然還有香有色，但卻沒有根也沒有了生命力。現在青少年犯罪日趨嚴重，「問題少年」一再成為人們的熱門話題，追究起他們的生活環境，有 50% 以上的「問題少年」其「問題」出在家庭！

隨著離婚率逐年攀升，「城門失火殃及池魚」，受傷害最重的就是孩子！孩子失去了「家」的溫暖，有的變得性情暴虐、孤獨自卑；有的變得憤世嫉俗、玩世不恭。一個叫楊傑的 11 歲少年，父母離婚後，被判給父親撫養，而父親認為孩子應由母親負責。成了「累贅」的楊傑，經常遭到父親無端的打罵，父親還用鐵鍊子把他鎖在家中。家，對他來說是可怕的囚籠。最後，楊傑離家出走，成了「慣竊」。在這種條件下長大的孩子，即便不會走向歧路，也會因此而冷漠、偏執、內向等，他們將把這種不健全的性格帶到以後的工作和生活中。

▌慧寶良方

為了不使最親的人成為傷害孩子最深的人，我想每個家庭都有責任，也有必要為孩子營造一個和諧幸福的氛圍。

父母的感情影響家庭的和諧

著名作家托爾斯泰說：「夫妻間的和睦是成功地教育孩子的首要條件。」有的家庭夫妻不和、互相指責、經常吵架打架，實在有害孩子的身心健康。試問，一對整天爭吵、互相侮辱的夫妻，怎麼能夠營造一個和諧愉快的氛圍？

有一個少年犯曾這樣說：「我的童年是在父母吵架、打架聲中瑟瑟發抖的日子裡度過的。」另一個離家出走的孩子被找到後，居然拒絕回家，原因是「爸媽整天打架，不管我，還不如外面好呢！」因此，父母要盡量創造一個穩定、融洽的家庭環境，以免給孩子造成不必要的傷害。

家長與孩子互相傾訴、傾聽

也許是生活節奏太快了，多數父母都不得不整天忙於工作和事業，孩子也埋頭於各種作業之中，回家後的短暫相聚很快被疲憊所填滿。

作為家長，可以和孩子相互分享工作上、學校中的事情。當然，孩子不能夠幫助大人解決什麼難題，但是這種訴說對於拉近與子女的關係十分奏效；而孩子的傾訴不一定要有什麼困難想要求救，只是學校裡、生活上的小事，就能增加家庭溫暖的氛圍。

給家庭成員來點「興奮劑」

亞洲人的性格中有很多過於內向、木訥、不苟言笑的個性，在家裡說話更少，比較冷漠。但是要知道，充滿幽默感的父母會把快樂感染給孩子，感染給整個家庭；而充滿歡樂的家庭，很容易培養孩子良好的性格和情緒。

重視家庭生活，營造溫暖而和諧的氣氛

一般來說，這樣的家庭在世上並不少見，也很容易做到。只要為人父母者有對家庭和子女的責任心，便會非常重視家庭生活。

童第周：成材之路，從「問題」開始

「天有多高？地有多深？海洋有多廣？」世界永遠是新奇、多變的。每一個孩子都是在問題中度過的，當他們得到了滿意的解釋後，又會進行下一輪的提問。中國著名的生物學家童第周，他帶領的研究團隊位居全球同類研究的先進行列，能取得這樣創造性的成果，源於他從小養成的強烈的求知欲。

智趣故事

童第周的父親有開明的思想和教育理念，他不僅重視自己的學習，更重視兒女們的詩書教育、知識啟蒙，而且還創建了鄉村第一所私塾學校，教育村民，造福後代。童第周受父親耳濡目染，愛學習、追求知識的種子早早地就在他的心裡萌芽。

童第周小時候的好奇心十分強，看到不懂的問題往往會向父親刨根問底，而父親每次都不厭其煩地耐心講解。

一天，小童第周看到屋簷下的石階上整整齊齊地排列著一行小洞，他覺得十分奇怪，便去問父親：「父親，那屋簷下石板上的小洞是誰敲出來的？是做什麼用的呀？」父親看到兒子這麼好奇，高興地說：「這不是人鑿的，這是屋簷水滴下來鑿的。」小童第周更奇怪了，又問：「水還能把堅硬的石頭鑿出洞來嗎？」父親耐心地解釋說：「一滴水當然鑿不出洞，但是天長日久，點點滴滴不斷地鑿，不但能鑿出洞，還能鑿出一個洞呢！古人不是常說『滴水穿石』嘛！就是這個道理。」童第周又問「那為什麼天

長日久就能鑿出一個洞呢？」「為什麼……」一個石頭上的小洞引起了他的無限思索。父親說：「這裡面還有更深奧的問題，等你長大些，學了更多的知識就知道了。但是現在你要懂得，這小小的水滴，只要長年堅持不懈，就能把堅硬的石頭滴穿；而一個人的恆心就像那水滴，學知識也要靠一點一滴累積，堅持不懈才能獲得成功。」父親的一席話，在小童第周的心裡激起了一陣陣漣漪，他坐在屋簷下的石階上，望著父親，似懂非懂地點了點頭。

童第周慢慢長大了。他在學習上依然保持著旺盛的求知欲，每個不懂的問題，都要想上好幾遍「為什麼」，實在想不通了，就找同學、找老師問個明白，最後成為班級上的佼佼者。1924 年 7 月，童第周在哥哥的支持下，考入復旦大學。從此，他開始了追求科學，獻身事業的漫漫求學之路。

歷史評說

作為卓越的實驗胚胎學家，中國實驗胚胎學的主要創始人童第周，在從事生物學研究發展時，仍然對未知領域有著狂熱的求知欲，這與他小時候養成的習慣是密不可分的。

小孩子總有千奇百怪的問題，童第周小時候更是有層出不窮的「為什麼」。對於他的問題，父親知道這是孩子出於本能的好奇心，極富耐心地去認真對待，幫助他解決問題，並激發童第周對科學知識的探索；同時，這種好奇因為得到了保護和重視，又形成了一個良好的習慣，成為童第周取得巨大成功的入場券。

美國著名教育家寇特·馮內果（Kurt Vonnegut）說過：「對於求知欲旺盛的孩子來說，最大的快樂莫過於知道了從來不知道的奧祕。揭開奧祕後

所體驗到的愉快和滿足的情感，反過來又激起新的探索興趣。」學習便是
這樣一個經常懷疑，隨時發問的過程。懷疑是智慧的大門，知道得愈多，
就愈會產生疑問，問題也就隨之增加。所以發問和答案一樣，使人進步。

因此家長應該尊重和愛護孩子的求知欲和好奇心，仔細對待他們的每
一個疑問。可以說，一旦孩子擁有了強烈的好奇心，並不斷地在提出問
題，解決問題中成長，那麼，他實際上就是走上了成材的路。

記得這樣一個相聲段子，兒子不停地問「為什麼人的鼻孔是朝下
長的，不是朝上長的？」「為什麼比目魚的眼睛只長在一邊？」「為什
麼……」最後爸爸被問煩了，給了兒子一巴掌，孩子哭著說：「我再也不
問了！」雖說這是段相聲，卻反應了生活中的許多問題。有許多家長，被
孩子的各種問題和奇怪舉動糾纏得很「煩」，便不自覺地對他們基於求知
欲而萌發的「傻話」不屑一顧，搪塞道：「等你長大了就知道了！」或者是
「小孩子怎麼那麼多事！」而對於一些孩子拆東西的「破壞」行為，家長
就更加嚴厲了，甚至要打罵一頓。這樣做，不僅「封」上了孩子的嘴巴，
「捆」住了孩子的手腳，連探索知識的精神也將被束縛。

▌慧寶良方

那麼，針對孩子「奇奇怪怪」的想法，怎樣做才能保護孩子求知欲和
好奇心呢？

換位思考，保持孩子好奇心的訣竅是大人要有童心

大人對孩子的好奇心不能理解，是因為孩子問的問題，大人早就都知
道了，站在大人的角度，沒什麼可問的。年齡的差距，立場的不同，父母
反倒成了最不了解孩子的人。

因此首先要解決的問題是尊重孩子的好奇，允許他提問。與孩子的共同生活中，不斷提高自己的「童心」。你的「童心」是引導孩子走向更廣闊世界的「神燈」！那麼不妨「蹲」下來，與孩子共同體驗一起成長。

用滿意的回答回覆孩子的提問

對於孩子的「刁鑽」問題，家長不要敷衍，而是要盡可能地解釋清楚，如果他還不懂，就帶孩子一起去找答案。

如果孩子問了超出他的年齡應知道的事，怎麼辦呢？家長也不要因此而責備他，因為孩子並不知道什麼該問，什麼不該問。不妨直接告訴他：我把這個問題記下來了，到了你 16 歲的時候，我就會回答你的問題。對這個問題，也許以後用不著父母回答，他自己慢慢也明白了，但是這種做法，能讓孩子感到他的提問確實是受到尊重和鼓勵。

允許孩子自由探索

家長應該對孩子「不規矩」的破壞行為採取寬容的態度，比如孩子拆開了你新買的耳機，那是因為他想知道誰在裡面唱歌；家長應該鼓勵他重新再把耳機裝上，而不是大聲斥責他「以後不要亂動東西了」，這樣做對孩子的好奇心是致命的打擊。合適的做法應該是「破壞」後鼓勵他的「復原」行為。

錢鍾書：給孩子一個寬鬆的成長環境

　　教育應該是順其自然還是刻意雕琢，這個問題一直困擾著亞洲父母。4 位諾貝爾獎得主的回答是：孩子不是靠父母施壓能成材的。毫無疑問，那些在自由和寬鬆的條件中成長的孩子，成長後也將散發出獨立、向上的性格和獨具特色的魅力。錢鍾書是中國文化界的大師，一座「文化昆侖」，他像謎一般吸引著我們去探索他的成功祕訣。

智趣故事

　　錢鍾書出生於一個書香門第。錢鍾書出生時，他的伯父還沒有孩子，於是祖父按照家族的傳統，做主把錢鍾書「過繼」給了大伯父錢基成。

　　錢基成領養了錢鍾書後，將他視為掌上明珠，十分疼愛。錢鍾書非常調皮，什麼事、什麼人都能讓他興奮，總是惹事生非，是家中公認的最淘氣的一個孩子；而且，大伯父不想讓他太早讀書受苦，於是整天帶著他四處玩，進茶館、聽說書、看小說等等，更使他顯得「無法無天」。

　　伯父每次帶錢鍾書上街玩，都會給他買個大酥餅。可錢鍾書更喜歡看小說，在讀完家中的古典名著後，他還不滿足，看到書攤上有小說，就賴著不肯走。於是，伯父不得不再花兩個銅板，租小說給他看。錢鍾書吃完酥餅就鑽進書堆，他一讀起書，就把調皮搗蛋都給忘了；而且一回到家，他總把書中的內容講給弟弟聽，講起來繪聲繪色、滔滔不絕，有時甚至手舞足蹈；他還對書中的內容進行聯想、比較，發掘出更深層的東西。

　　當別人家的孩子已上學時，錢鍾書還跟著伯父四處遊逛，父親看在眼

裡，急在心上，便委婉地向哥哥建議送他上學，這時錢鍾書才開始接受正規的學校教育。但因為錢鍾書幼時個性自由，不愛讀書，常常晚睡晚起，貪吃貪玩，令父親十分氣憤，只好趁哥哥不注意把他叫出去督促學習，有時還狠狠地罰他，這使一貫自大的錢鍾書不敢再為所欲為。

一個暑假，就在錢鍾書像寒假時一樣看雜誌小說時，生父突然回來了，他措手不及，非常狼狽。生父讓錢鍾書和弟弟各作一篇文章，弟弟的文章條理清晰，議論平正，措辭文雅；可是錢鍾書卻寫得不文不白，詞意怪誕，用字庸俗。生父十分生氣，狠狠教訓了他一番。這件事情讓錢鍾書羞愧不已，他痛哭了一場。在生父的督促下，他開始發奮用功，讀書、作文大有進步。

▎歷史評說

在錢鍾書的性情中，表現最突出的就是那種自由開放的個性，敢作敢當，充滿創新意識和獨特魅力。而這種個性也是在寬鬆自由的環境下形成的。錢鍾書天性調皮，加上伯父的疼愛和家裡優渥的條件，使他養成了個性好強、狂妄不羈的性格。他對任何人、任何事都敢批評、嘲弄。他這種性格常常不被傳統的中國家庭所接受，但客觀上對錢鍾書的成長卻產生了很大的作用。

試想，如果沒有一個自由開放的家庭環境，就可能沒有一位個性張揚、敢作敢當的錢鍾書。

毫無疑問，每個家長都希望自己的孩子能有一顆聰明、靈活，反應敏捷的頭腦。只有這樣，孩子才能不斷地適應新的東西，取得新的成績，不斷地獲得發展。可由於孩子們喜歡利用自己有限的「資源」，出怪聲、發脾氣、耍小聰明等方式，來爭取達到自己的目的，因此，大多數家庭嫌他

們太「鬧」了，所以更偏愛於塑造一個整天埋頭苦讀，一切聽大人囑咐，按大人意圖辦事，十分聽話的「標準孩子」。

有個成績一直很好的孩子，經常拿個第一、第二名。在爸媽的強烈要求下，她除了吃飯、睡覺，就是讀書，從來不玩，不看電視，也不做任何家事。當時父母得意得很，到處誇獎女兒聽話、好學。可是上了高中，那個孩子的成績漸漸下降，她愈來愈刻苦和努力，人也變得越來越內向、憂鬱。最終，學測還是落榜了。

事實上，如果一味苦學，一切按大人指導辦事，對知識水準的提高和個人能力的形成，不一定都是好事。因為，只知道苦思冥想、一味鑽研，反而會使孩子變得死板、僵硬、片面。這樣的孩子一旦失去了大人的指點，就會茫然不知所措，導致他在現實生活中做事情毫無主見，這對課業、生活都是沒有好處的，這樣的孩子以後更容易發展成為「問題少年」。

慧寶良方

當然，維護孩子自由的個性，發展他們的興趣，並不意味著使他們成為脫韁的野馬，任意馳騁，父母應當使他們保持正確的方向，以免誤入歧途。

對孩子的行為寬容一點

一位心理學博士告訴家長，應該讓孩子有一定的獨立性、自主性。只要孩子遵守日常生活規律，愛乾淨、有禮貌、不自私、不說謊，其他問題則不必多加干涉。這樣有助於培養天真活潑、聰明伶俐、身心健康的好孩子。

著名作家馬克‧吐溫曾經充滿深情地回憶道：「我給媽媽惹了許多麻煩，不過我覺得她也常常樂在其中。」可見善於教育的家長，允許孩子

一定的「不聽話」，有助於形成孩子跳躍的思維模式、廣泛的興趣和有主見、有活力的性格。

給孩子思想自由，營造一個輕鬆的家庭氛圍

很多家長都希望自己的孩子能自發地學習，甚至用強制的手段逼他們學習。天長日久，即使一位天才，整日受到家長的責罵、作業的壓力，最終也會變成一個書呆子或平庸的人。

另外，還應給孩子多一些思想上的自由，雖然關注著孩子的活動，但不過多干涉他們的興趣、思維和隱私，使他能在一定的空間內自由發展，養成一種自由開放的個性。

實行「六大解放」

讓孩子有一定的自由度。正如陶行知先生所說的，教育孩子要有「六大解放」：一要解放大腦，使他能想；二要解放手腳，使他能動；三要解放眼睛，使他能看；四要解放嘴，使他能說；五要解放空間，使他能在自然和社會中取得豐富的學問；六要解放時間，不要用功課表把時間填滿，要給他們一些時間，做些他自己喜愛的。

掌握大方向，「放手」不「放任」

放任意味著不與孩子在一起，也不關心孩子的思想和行為。如果這樣，的確是一種不負責任的態度，使孩子陷入不安的狀態，甚至容易在成長的道路中成了迷途羔羊。

因此，家長在放手給孩子自由的時候，還要牢牢握住手裡無形的繩子，為子女隨時校正方向，確保他們的健康發展。

楊振寧：孩子早慧，靈活地傳授知識

家長是孩子的第一任啟蒙老師，責任重大，毋庸置疑。但是能夠保持清醒冷靜的頭腦，對待孩子的早期教育和孩子的早慧，就不是一件容易的事情了。著名的物理學家、諾貝爾獎得主楊振寧的成功印證了父親明智的教育方式。

▍智趣故事

楊振寧 5 歲時就認得三千個漢字，可以說是一個神童。父親楊武之早年留學美國，獲得博士學位回國後，他問兒子：「念書了沒有？」兒子爽快地回答到：「念過了。」父親又問：「念的是什麼書？」「《龍文鞭影》。」父親笑了，說：「背給我聽聽。」楊振寧流利地背了出來。不料，父親又「抽考」地提問書上一些段落的含義，楊振寧愣住了，一下子沒解釋出來，心想這下父親一定會責備自己，可是楊武之卻摸摸兒子的頭說：「老師沒有教，你又沒有生活經驗，當然不會懂。」還對妻子說：「他還太小了，這麼枯燥生澀的文章，教了也很難理解，應該讓他學點這個年齡好理解的。」

楊武之不喜歡填鴨式的教學，也反對讓孩子整天在房間裡死記硬背。他用大球和小球生動地講解太陽、地球和月亮的公轉，用字母歌教授英文 A、B、C、D……每次看到兒子因為遇到難題而著急的樣子，他都會笑著說：「慢慢來，不要著急，你做的已經很好了。」

他鼓勵兒子和小夥伴在校園裡玩耍，還經常帶著兒子去樹林、農田與

河邊遊玩。廣博的知識拓展了楊振寧的視野，大大增加了他的求知欲。楊武之始終認為，給孩子輕鬆愉快的童年，才是最重要的，這個時光過去了，便沒有機會再重來。

9 歲左右，楊振寧的數學天賦漸漸顯現出來。這時有朋友勸身為數學教授的楊武之儘早讓兒子學習幾何、微積分等，但楊武之對此態度淡然，他認為孩子的理解能力有限，太早強迫孩子接受，可能會適得其反。楊振寧 16 歲準備報考大學時，楊武之才不慌不忙地介紹兒子接觸近代數學。但是在報考前夕，楊振寧發現物理更適合自己的，這一切，楊武之夫婦絲毫未多加干涉，於是楊振寧堅定不移地攻讀物理學科，並獲得了諾貝爾物理學獎。

歷史評說

楊振寧可以說是神童了。他 5 歲識字三千多，能流利地背誦《龍文鞭影》，9 歲便表現出數學天分。對此，父親楊武之表現得十分冷靜。他重視孩子的啟蒙教育，從不給兒子施加壓力；同時選擇性地進行各方面的知識和情感的培養，調動孩子主動學習的積極性，尊重他的興趣愛好並加以輔導。擁有這樣明智的家長算得上非常幸運了。

可是，許多神童就不那麼幸運了。曾經在美國家喻戶曉的神童席德斯（William Sidis），從出生那天起，父親就為他精心準備了一個計畫，於是席德斯從小就被數學、地理和多種外語所包圍，整個幼兒時期成了他獨自苦讀的過程。他 11 歲被哈佛大學破格錄取，但是過多的壓力使他的神經系統開始失常。然而，由於其父求好心切，竟然繼續給他施壓。最後，這位 14 歲的天才被作為精神病患者送進了醫院，並從此一蹶不振。

席德斯可以說是世界上最著名的落馬神童了。應該說這並不是早期教

育的悲劇，而是社會對神童教育陌生造成的悲劇。造成這種悲劇的原因，有來自父親的教育壓力，也有過分宣傳給他帶來的巨大壓力，除此之外，還有他個人社會性能力的薄弱。

美國最新的一項研究發現，普通人當中，性格內向的約占 30%，天才兒童中，性格內向的高達 60%。的確，對於早慧兒童進行提高教育是可行的，而且是有必要的。但或許是「天才少年跳級上大學」的誘惑以及與此相關事件的推波助瀾，誤導了家長和社會，使這種不諳世故、脫離社會現實的傾向在神童中愈發突出，這就得不償失了。

許多「家有兒童初長成」的父母，整天盲目地教兩三歲的孩子識字和寫字，機械地背誦不合年齡的概念和原理，或者強行讓孩子學習某種專長。這種早期教育，倒不如說更像是一場家長之間的競賽，誰家的孩子報名奧林匹克數學班了，誰家的孩子學圍棋了，自己看了頓時心裡發慌，生怕一個沒注意，就落到人家後面了。但是不理會孩子的興趣、能力和情感，一味地強化加壓，這樣下去即使一開始超過別人，當大家都起步後，孩子的優勢也就沒了。

慧寶良方

對此，專家認為，現在兒童的智商都較高，關鍵是環境和心理因素。家庭應該創造輕鬆的環境，避免再出現席德斯那樣的「落馬神童」。

對待早慧兒童的教育，仍然應該是培養「人」在先。培養孩子的思維能力，讓孩子多接觸志同道合的朋友，養成良好的習慣和良好的人品、性格，最後才是「才」。

讓孩子把自己的特點和興趣展示出來

即便是智力非常突出的孩子，仍然應該以研究他的特點和興趣為主，而不是逕自把他關在家裡學習，練習「生吞之功」，更不應該造成他們性格上的缺陷。

關注孩子個性培養和心理健康

天才兒童可能表現出「完美主義」傾向，容易與人發生衝突，有些表現出憂鬱、疏離、固執、自以為是等極端的特點。為此，另一位神童密爾（John Mill）也這樣反思道：「他們認為我自滿、過分令人討厭，大概是因為我好辯，聽到不同的意見，便毫無顧慮地直接反駁……父親未曾糾正我的無理與傲慢。」

所以，家長幫助孩子保持健康的心理極其重要；同時，家長要了解自己孩子的特點，注意溝通和傾聽，尊重孩子的興趣、愛好，讓孩子學得輕鬆、玩得快活。

不要把孩子當「神童」來培養

太早成名，成為眾人所關注的焦點，毫無疑問會給孩子的成長帶來許多不必要的影響。對任何孩子，哪怕是智力過人的兒童，也應該當平常兒童看待，不能刻意地把孩子當「神童」來培養。

最後，還要讓孩子們儘早懂得，只有當我們知道怎樣對付玫瑰上的刺時，生活的花園才會開滿玫瑰。因此，身為父母應該使孩子認知到，要透過勤奮的努力，抵抗挫折，才能收穫希望。

李嘉誠：學會面對挫折才能走向成功

　　沒有人可以一帆風順地走完一生，鮮花和掌聲的背後，其實都有一連串不為人知的故事。李嘉誠，人稱「李超人」，在十幾億海內外炎黃子孫中，可以說是家喻戶曉的人物，美國媒體稱他為「天之驕子」，而他成功的背後，寫滿了艱辛。

　　李嘉誠出生於一個書香世家，父親李雲經十分疼愛李嘉誠，他把滿腔的愛心都傾注在了兒子身上，並決心把李嘉誠培養成一個自信和有主見的人。

　　李嘉誠從上學那天起，就樹立了這樣一個信念：絕不辜負父母對自己的殷切期望，好好學習，將來出人頭地。令李嘉誠感動的是，父親經常陪他在燈下讀書，以便隨時回答他層出不窮的問題。

▌智趣故事

　　1940年，是李嘉誠生命中的第一次轉折，也是他經歷人間苦難的開始。父親帶著全家人輾轉來到香港，在親友的幫助下，李嘉誠進入香港的中學繼續讀書。儘管當時面臨著課業上的種種困難和精神的困惑，他仍沒有失去信心，而是更加發奮讀書。

　　然而，天有不測風雲，父親不幸染上了肺炎，身為長子的李嘉誠，一邊照顧父親，一邊拚命讀書，他想用優異的成績讓病中的父親得到安慰。可是父親視兒子的學業比自己的生命還重要，他多次囑咐兒子在學業上千萬不可鬆懈，更不要因為自己的病影響了學業。

　　為了不使兒子失學，父親將自己的藥錢省下來，供兒子讀書；李嘉誠每次去醫院送飯給父親，父親不是抱怨飯菜太多太好，就是將飯盒中唯一的一點好菜夾到兒子的嘴裡。

　　由於給父親治病，李嘉誠一家的生活更為清貧了。兩碗稀飯，再加上母親去市場撿來的菜葉便是一天的美食。如此清貧的生活，李嘉誠養成了崇尚簡樸、反對奢靡的良好品德。

　　父親的病愈來愈重，臨終前他艱難地喘息著，用盡全身力氣抓住李嘉誠的手說：「阿誠，阿爸對不住你……你要有志氣，好好做人！」直到離去，他還在為自己優秀的兒子學業將從此中斷而遺憾。

　　少年立志成大器，15歲的李嘉誠挑起了養家糊口的生活重擔，過著風裡來雨裡去的銷售員生活。終於，1950年，他白手起家，創辦長江塑膠廠，開始了艱困的創業生涯。

歷史評說

　　李嘉誠的首富地位不是父輩遺贈的，而是他在經歷了無數困難，靠打拚和奮鬥獲得的。正如他本人所坦言：「其中的艱辛，絕非常人所能想像……」

　　李嘉誠的童年與現在的孩子無法相比，從他備受家人疼愛到擔起全家生存的擔子，只有短短十年的時間。這十年內，舉家搬遷，親人離去，生活困苦全部壓了下來，但生活的壓力使李嘉誠養成獨立思考和獨立生活的能力。正是得益於此，才有了他後來的頑強打拚。

　　當然，除了李嘉誠自身的努力之外，他從父親那裡學到的自立、自信和自強的精神，更是不可忽視的。他感慨地說「父親無論是在知識上，還是人格上，永遠都給我一種鼓舞，一種激勵。」

生活中有成功者，也有失敗者。順境當然可以出人才，逆境也可以出人才，但從人才成長的一般規律看，逆境、挫折的情緒更容易砥礪意志。因此，在逆境中經過挫折的千錘百鍊成長起來的孩子，更具有生存和競爭能力。一個人若想成功，必須要學會接受失敗和痛苦，然後不斷努力直至成功來臨。每一個過程都是不能迴避的。

大多數家長都比較重視孩子的 IQ（智商），但談起 AQ 則一頭霧水，AQ 就是我們說的逆境商數或挫折商數。在具有相差不多智商和情商情況下，高 AQ 的人在面對逆境時，能始終保持上進心，克服種種困難，獲得成功；低 AQ 的人在困難面前，則看不到光明，於是敗下陣來。

缺乏自立和吃苦精神是今天許多獨生子女的通病，家庭的「溫室化」使「小公子」、「小公主」比比皆是。由於一切得來的太容易，因此孩子不懂得愛惜，不懂得奮鬥，更不懂得關心別人。他們只喜歡物質享受，只愛自己，在成長的過程中，一帆風順。因此當孩子進入社會後，往往不能面對競爭的殘酷現實，在困難和逆境面前敗下陣來，這不得不說是我們教育的失敗。

▌慧寶良方

可是如何培養出高 AQ 的孩子呢？許多教育專家都認為，高 AQ 並不意味著單純的挑戰挫折，還應該從小培養樂觀、自信的心理素養。

✧ **讓孩子學會保持「愉快樂觀」的情緒，增強對失敗的承受能力**：讓孩子每天都保持好心情。對於積極的情感給予讚揚，對於消極的東西給予疏導，有助於孩子的身心發展和形成樂觀向上的情緒；並且在對抗挫折的時候，容易保持一個良好積極的心態，而不會受到很大的挫折和打擊。

當然家長除了給予孩子的愛以外，還應該有適當的懲罰手段，不能養成孩子任性、自私、怕苦怕累的壞習慣。

✧ **讓孩子從你的態度中學會「自信」**：過度的挫折容易打擊孩子的自信和積極性。如果孩子在遭受挫折後變得沒有動力，沮喪失望，那麼家長要增強孩子對自己的信任感。鼓勵孩子，讓他了解到人的一生要經歷許多磨難和挫折，關鍵是要正確地面對它，只有鼓足勇氣和信心，才能發揮自己的能力，征服現有的和成長道路上無數未知的困難。

✧ **鼓勵孩子的上進心，不因失敗而責備**：我們交給孩子任何一項任務，不但希望孩子能夠完成，而且能夠有所創造，不要滿足得到的成績。因此向孩子交代任務時，也要誠懇地說：我希望你比從前做得更好。

✧ **做事善始善終，經歷挫折才勇於迎接挑戰**：孩子必須能夠接受失敗，否則無法面對逆境。愛迪生為找一根鎢絲失敗過 1,000 次，保羅‧埃爾利希（Paul Ehrlich）把自己發現的藥物命名為 606 號，意味著前 605 次試驗都失敗了。所以孩子一定要學會承受失敗，即使失敗了，也要懂得爬起來，再接再厲。

當然家長可以做孩子面臨挑戰時的「智囊團」，或者做他的「補給站」。當孩子克服了困難，要及時地給予表揚，來鞏固這種行為，形成好習慣。

陳景潤：擁有平常心，學以明志學以致遠

許多家長從小灌輸孩子一個「不平凡」的意識，希望能夠發揮「扶搖直上九萬里」的作用，但有時候卻適得其反。事實上，寬鬆的精神世界更有助於孩子的發展。數學家陳景潤能夠取得成就，很大一部分原因得益於父母沒有什麼過高的要求，給了他一個寬泛自由的發展空間。

▌智趣故事

陳景潤出生時，陳家已經有了 8 個孩子。他的出生，並未給父母帶來太多的歡喜，因為陳家實在是太貧困了，至於孩子的前途，他們只是認為能夠平安地生活就好。

陳景潤不愛運動，不愛說話，卻愛讀書，近乎於痴迷的程度。他的父親和家庭無意中為他熱愛讀書提供了天然的條件。父親雖然讀書不多，但他敬重讀書的人，他只是明白一個道理：讓孩子讀書總會有好處。因此，他節省每一個銅板，為孩子籌集學費，讓他們能上學讀書。

上學後，陳景潤並沒有顯示出過人的天賦。讀初二時，除了數學能得九十幾分以外，其他科目都是八十幾分，在班上處於中間水準，在學校也只是一個默默無聞的學生。在他人眼裡，陳景潤不會有什麼出息。一次一位熱心人勸道：「看這孩子現在的樣子，不會讀出什麼大名堂，還要花那麼多的錢，不如直接找個事做吧。」一向老實的父親卻堅持說：「我也沒指望他能當個大官，就想讓他會點技術，以後能在社會上有點用就行了！」除了考慮到這點外，沒有想過，也沒有能力為陳景潤的未來設計一個美好的藍圖。

在陳景潤的成長過程中，母親對他的影響也很大。母親是一位典型的農村婦女，勤勞善良，為人寬厚，不斤斤計較，從來不讓自己的孩子與人爭鬥。受到母親的影響，陳景潤學會了寬容忍讓的做人準則，這樣的原則對陳景潤這樣的學者是必不可少的。這位「科學苦行僧」長期默默無聞地在數學王國裡耕耘，最終因對哥德巴赫猜想的貢獻成為世界著名的數學家。

█ 歷史評說

我們從這個平凡的家庭中，幾乎看不到什麼高明之處，陳景潤的父母只是質樸地認為讓孩子多讀點書總會有好處，並堅持讓兒子完成了學業。值得我們更多思考的是陳景潤父母對待子女的平常心，以及他們教給孩子的對人寬容和善的態度。

陳景潤從小就是一個不起眼的學生，課業也不特別突出。父母對他沒有大的奢望，只希望他能夠順利地成長，並擁有生存的本領，做一個對社會有用的人。這使他的精神世界十分自由寬鬆；同時母親待人寬厚平和的性格，使他學會了與世無爭和踏實苦幹的處世態度，也為他潛心治學打下了根基。

在當今的家庭中，幾乎所有的父母都在為孩子將來能「成大器」、「成棟梁」做著各種精心準備，極少有人認可孩子將來做個普通人，平凡地過一生。這種「不平凡」的種子，已經在許多孩子的心裡萌芽，並使他們陷入對「人上人」的追逐中。

家長希望孩子能出人頭地本是無可厚非的，可這種願望越來越功利性，而且目標日趨狹窄，使孩子常處於被支配、被指責的地位：孩子考試沒考好，要批評；比賽沒得獎，要批評；考試失利，要批評。面對嚴酷的

現實，孩子也會變得脆弱、敏感、孤傲清高，害怕失敗，在與同伴的交往中把正常的競爭變成畸形的爭鬥，自私自利。

長此以往，家長和孩子都會在追求和失望的過程中筋疲力盡，給孩子成長帶來的壓力和阻力也更大。父母急迫的心理和高壓政策，會對孩子造成不小的精神壓力，威脅孩子的心理健康。看來也該「可憐天下孩子心」了。

慧寶良方

近年正大張旗鼓進行的素養教育改革也是與之相吻合的，當然這更需要家長的配合。

要有一顆寧靜平和的心態，淡化那種強烈追求結局的意識

家長只有在競爭激烈的社會中，保持一個平穩的心態，才能夠讓孩子以寬鬆淡泊的方式去對待一切。應該讓孩子擁有一個寬鬆自由的精神世界，以正常的心態進行工作學習，與同伴保持一種和氣有序的關係。

在孩子的心理承受能力、自身的才能和希望的目標之間找到平衡

讓孩子「平凡」並不是讓他「平庸」。家長應該讓孩子有做普通人的心理準備，這並不妨礙孩子樹立理想與目標。一位接受這一觀點的家長說：「我知道我的孩子絕對不是天才，她不需為自己要成為天才而痛苦。但是，我不會鼓勵她在童年時因為空洞的快樂而放棄努力。」

幫助孩子確定一個切實可行的目標也很重要，可以透過努力一點一點實現，即便很難實現，家長也要不斷地引導。每一個進步都給予讚揚，每一個退步都寬容並加以鼓勵，切忌因為一時達不到預期的目的，而輕率地對孩子表示失望。

督促孩子腳踏實地很重要

只有擁有一步一腳印的工作學習態度和寬厚待人的良好品德，才能夠有所突破。曾經看過一則寓言：一個人從生下來開始，就對麵包有著無比濃厚的興趣，他發誓要做一個優秀的麵包師，父親聽後，並沒有因為他的志向渺小而阻攔。長大後他如願以償，他做麵包時特別挑剔，要絕對精良的麵粉和奶油。他從不去想今天做了多少生意，但生意卻出人意料的好，超過了那些比他更聰明活躍的人。

這個寓言闡述這樣的道理：當你不刻意追求而踏實地去做，收穫已經在默默等候了。在我認為，孩子無論是樹立多麼渺小的志向，都要用踏實認真的態度去對待，拋開一定要「如何如何」的包袱輕裝上陣，很可能收穫的會比期望的還要豐厚得多。

丁肇中：溝通，孩子和父母之間的橋梁

　　如何掌控孩子變幻莫測的性情？如何知道孩子心裡的「疙瘩」？如何始終讓孩子向你敞開心扉？這些不是問題的問題已開始不停地困擾許多父母與孩子。著名物理學家、諾貝爾獎得主丁肇中，他的父母便從小到大掌握著他的心靈祕密。

智趣故事

　　丁肇中從小就是個「小名人」，一是因為他的功課優異，二是他的棒球玩得特別出色，是校內公認的「球王」。

　　中學畢業後，丁肇中報考了臺灣大學，他充滿自信地說：「我要考個頭名狀元回來！」可事與願違，他的成績只能被成功大學錄取。丁肇中痛苦極了，茶飯不思，整日寡言少語，這讓父母十分擔心。一天晚飯後，父親走到他的房間，坐在他身邊，問他：「怎麼了？你是我的兒子，你知道，你不快樂我心裡也很難受！」一句話打開了丁肇中的心門，他把自己的失望與苦惱全都說了出來。一番開導後，父親鼓勵他：「一個人要經受得起挫折，無論在哪裡學習，只有肯幹，肯自強，才能前進。否則，即便是在一流的大學，也未必能有好成績。」

　　經過這次長談後，丁肇中開始腳踏實地在成功大學學習。他一有時間便和父親聊一聊，父親也樂得聽兒子講學校裡發生的事情。

　　在機械工程系學了一年後，丁肇中仍然覺得自己的興趣在物理上。他找到父親說：「我要改學物理學。」父親不動聲色地問：「為什麼？」丁肇

中說：「我認為我更喜歡物理。」父親分析道：「機械工程學得好壞都能吃飯，學物理卻需要具備上等的才能，要取得新成就不容易。」他又問兒子：「你考慮好了嗎？你認為有能力躋身物理學界嗎？」丁肇中堅決地回答：「只要肯埋頭苦幹，我相信能成功。」望著兒子年輕執著的臉，父親毅然表示了支持，「但是你要記住，自然科學重要的發現，只有第一名，沒有第二名！」

從此，丁肇中開始了對實驗物理學領域的大膽探索，並取得了一系列令人矚目的成就。

▌歷史評說

從上面的故事，我們可以看到，溝通在解決一個人不同時期遇到的不同問題上，發揮著不可小覷的力量。

丁肇中的父親能夠察覺孩子的變化，並啟發他說出自己的「想法」。在與孩子交流的時候，平易近人，以朋友的身分緩解兒子的心理壓力，拉近了父子之間的感情，一方面成了孩子的朋友；另一方面，找到癥結後，善於疏通思想，把孩子從悲觀的情緒中解放。所以當面臨前途的重大選擇的時候，丁肇中能夠主動與父親溝通，得到了父母的大力支持，甩開思想上的包袱，全身投入新的研究，取得了輝煌的成績。

父母是孩子最親近的人，也是最想傾訴和依賴的人。思想上的交流不僅可以讓父母了解孩子的真實想法與真正動機，化解在課業、生活、工作中的問題，使他們認清方向，少走彎路，早日成功；也可使孩子體諒父母的想法，增進父母與子女之間的感情。

可是在一次中學生的家長座談會上，參與討論的，只有12%的家長表示能夠經常以朋友身分與孩子聊天，而63%的家長表示因為代溝而無法

溝通。那麼是什麼使本該暢通的溝通出現了障礙？真的是孩子根本不想說呢？還是因為家長忽略了傾聽，忽略了孩子的想法，忽略了高高在上的家長作風疏遠了與孩子心靈的距離……

一位國中三年級學生的家長表示，他一直對兒子很好，尤其物質上，孩子有什麼需要他都能滿足。有一次，他無意間看了兒子的日記：「我一犯錯，爸爸就會打我罵我……我已經長大了，有很多想法，可是他從來都不聽，我多希望能和他像朋友一樣地交流。」讀完後，他非常悵然。

▌慧寶良方

事實上，子女長大了，思想不再像兒童時期那麼單純，遇到的問題也複雜得多。父母若想與孩子雙向溝通，可以多加注意以下幾個方面。

- ✧ **找對癥結，對症下藥**：古代思想家韓非曾指出：「想要緊緊抓住對方內心，靠的不是淵博的知識，而是準確地掌握對方的心理。」所以家長在與孩子的溝通中，首先要注重這一點，準確地找到孩子的癥結所在，了解是課業上的、工作上的、愛情上的還是其他方面的問題，好對症下藥。

- ✧ **認真對待孩子與自己的談話**：孩子喜歡對家長說話，是對家長的信任，這很可貴。有時候，他所說的就是每天發生在生活中、學校裡的小事，但只要可能，家長千萬不要打斷孩子的話，或者表示厭煩，因為這麼一來，孩子向家長敞開的傾訴之門，得不到回應，自然會關閉。

- ✧ **設身處地，剖析自己，找出相同點引起共鳴**：一般人都不喜歡空談道理，父母可以講述自己曾經走過的類似的人生之路上的經歷和感受，這些事情一說出來，孩子會有一種「原來我爸爸年輕時候也……」的

平等心理。

著名翻譯家傅雷就曾經利用過這一方法。兒子傅聰二十剛出頭，情感最豐富，青春的萌動使他感到壓抑，甚至影響事業。如何看待戀愛的問題，傅雷以自己的親身經歷開導傅聰說：「學問第一，藝術第一，愛情第二。我一生任何時候，談戀愛最熱情的時候，也沒有忘卻對學問的忠誠。」還把自己如何發揮青春過剩精力的方法傳授給他：「把情感透過寫作樂曲『昇華』為藝術」，讓彷徨在人生路口的傅聰有了指路人。

✧ **善於引導，細心傾聽**：家長要善於引導，而且要用社會上主流文化觀念去引導，把孩子引到正道上來。作為孩子，要學會理解家長，要勇於把所思所想告訴家長；家長也應該傾聽孩子的想法，提出自己的建議。

✧ **學會平等地溝通**：家長與孩子之間的溝通是社會互動的一部分。家長占有社會優勢地位，有的家長採取「溝通不好，就打人、罵人」的粗暴行為，而這些行為的「副作用」只會讓孩子離家長更遠。為人父母，要尊重孩子的意願，學會傾聽，才能了解孩子的所思所想。

崔琦：讓子女動手，使他成為優秀的人

「不愛勞動難成人」。工作是鍛鍊孩子動手能力的最好方法，也是鍛鍊孩子品格與毅力的一種方式。許多家庭也是這樣教育和影響孩子的。崔琦是繼楊振寧、丁肇中等人之後，第六位華裔諾貝爾獎得主，他在成長之初，沒有高知識水準的父母，沒有優越的學習條件，有的只是一個生活簡樸的家庭。

▌智趣故事

崔琦出生時母親 37 歲，父親 42 歲。當時他已經有了三個姐姐，所以，崔琦的出生給家人帶來了無盡的喜悅。即使如此，母親絲毫沒有嬌慣著唯一的兒子，她常常告誡兒子要與人為善，謙虛待人，要勤於思考，努力學習；同時，她還特別強調人必須要能吃苦，勤作，否則長大後就會養成好吃懶做的毛病。

對此，崔琦先生在獲得諾貝爾獎後的記者招待會上，含淚回憶起難忘的童年時光和母親對自己的深刻影響：「小時候在鄉下耕田、割草、放牛，能從中學畢業已算幸運，但是母親有遠見，自己不識字，卻堅持要我上學。」

崔琦稍大一點就幫家裡工作，跟著姐姐一起割草，放牛。再大一點，每天早上天光微亮，崔琦就跟隨母親一同從被窩裡爬起來，母親做飯，他挑水，或者蹲在灶坑旁邊，幫助添柴火；白天做完作業，崔琦就自動來到院子劈木材；農忙時他又幫父親在田裡工作，撒肥料、鋤地、澆水；農閒

時他替家裡割草，到附近樹林裡撿柴，或者幫父親整理家裡的院牆；村民有什麼活忙不過來的，母親便讓崔琦去幫忙。

崔琦十三四歲時還因為能寫會算，跟著村民去分地，無論三角形、菱形、梯形地都難不倒他。當時有個方圓幾十里內有名的老會計，故意找了一塊外號「一桿旗」的地塊（相當於不規則三角形），想為難他。等各個邊長的資料一出來，崔琦一口就說出答案，嚇得大夥兒直吐舌頭。當人們搶著誇崔琦聰明、能幹時，崔琦卻十分謙虛地笑著說：「這還差得遠，希望鄉親們不要這樣誇我。」

基於母親這種潛移默化的教育，崔琦無論是在求學階段，還是在獲取了諾貝爾獎金的情況下，都始終保持著勤勞質樸、謙虛禮讓的品德。

▌歷史評說

崔琦平凡而普通的童年，令人難以將那段過去與他現在的成就連繫在一起。然而，正是這樣一個平凡的家庭，一對勤勞的父母，奠定了崔琦的諾貝爾之路。

「能吃苦，勤勞，否則長大就會養成好吃懶做的毛病」，可以說這是一句再樸實不過的真理。崔琦的母親不僅這樣說，而且也是這樣督促兒子做的。她讓兒子從小就做一些力所能及的家務，再大一點就幫助家裡農忙。熱心腸的母親培育出樂於助人的兒子，崔琦在幫助村民的時候，也體會到了用勞作贏得尊重的喜悅。

勤勞是幸福之本，懶惰、好逸惡勞是萬惡之源。懶惰就像灰塵可以使鐵生鏽一樣，可能輕而易舉地毀掉一個人，甚至於一個民族。人的許多優良品格都是在勤勞中養成並得到提升的，比如善良、忍讓、堅毅、富有同情心，做事有效率、有條有理等，都是在勤勞中養成的。

但是，許多家長只重視孩子的智力教育，認為只要孩子學習好，其他能力差一點也無關痛癢；或者一味地嬌慣孩子，使得一些孩子鄙視勞作、貪圖安逸享受，不願吃苦、意志薄弱。

一位母親為上大學的獨生子準備了 4 條床單，讓兒子髒了就換一條，然後放假拿回家由她來洗；一間大學宿舍裡，門後的垃圾堆得門只能半開，出入必須側著身子才能「擠」出去。現實生活中這些讓人啼笑皆非的情景，不得不讓人深思：一手包辦實際上是害了孩子。就像一位哲人說的：「沒有頑強而細心的勞作，即使是具有才華的人也會變成繡花枕頭似的無用玩物。」

同時，家長可能還有一種誤解，認為電氣化、自動化程度愈來愈高，工作和家庭生活需要運用的勞力就愈來愈少，不必讓孩子出力。其實，高科技化前提下的勞動力並不輕鬆。家長只要想一想，為什麼有人在電腦前暈倒，甚至作家王小波在電腦前面逝世，就會知道，坐在電腦前的工作，其體力和腦力的消耗是非常大的，沒有經過磨練的人，很難勝任。

▌慧寶良方

蘇聯兒童心理學家娜塔莉亞（Natalya Menchinskaya）曾說過：「你想有一個健康獨立的孩子嗎？那麼，就讓他從動手開始做起。」

◇ **正確的勞動觀點、勞動意識教育**：家長可以用社會發展歷史及家庭生活實例，說明各種勞動對於社會、對於家庭和個人的意義，讓孩子從思想上認知到勞動的光榮和神聖，不喜勞動的人是沒有出息的。

◇ **教育孩子為家庭服務**：曾經有人對亞洲某國 2,294 名小學生做家事的情況進行調查，結果發現這些學生每天平均家事的時間只有 0.2 個小時，即 12 分鐘。這與西方國家形成了鮮明對比。聯合國研究報告指

出，歐美兒童每天體力活動的時間要遠遠多於亞洲兒童。美國同齡兒童平均每天做家事的時間是 1.2 小時。

探究其原因，仍然是我們的父母普遍認為「只要成績好，其他都無所謂」的結果。但是倘若連做家事都無法勝任，怎麼能夠順利步入社會呢？

在家庭中，父母最好每天為孩子安排定量的任務，由簡單到複雜。不應只強調「自己的事情自己做」，還要強調「家裡的事情主動做」。這不僅有助於培養孩子的吃苦耐勞、珍惜勞動成果的品格，還有利於促進家庭情感。

✧ **善於調動勞動積極性**：在各種勞動過程中，家長應該具體指導，重視過程，多給予鼓勵，讓孩子感受勞動的愉快，並積極支持孩子參加社區和學校安排的公益活動。

✧ **掌握勞動技能**：勞動需要動腦，什麼活有什麼樣的做法，勞動的技巧需逐步掌握。任何勞動，由於技能水準不同，會有差別，因此，掌握勞動技能也是勞動教育的重要層面。隨著年齡的增長，受過勞動教育的孩子會驚奇地發現，小時候的「辛苦」，獲得的實在是大豐收。

蔡志忠：體察孩子愛好，使之受用一生

　　愛好對一個人的人生成功是極為重要的。當你熱愛並且一心一意去追逐，就會像蝴蝶一樣，準備振翅高飛。蔡志忠，從一個從小喜歡漫畫的孩子，到最終成為著名的職業漫畫家，就是憑著自己的這股熱情和興趣。剛從事職業漫畫行業的時候，蔡志忠還是一個中學都沒有讀完的少年，而這期間給他最大鼓勵和支持的便是他的父親。

▌智趣故事

　　蔡志忠的父親是一位民間書法家，他在管教蔡志忠的時候從不刻意地約束。對他來說，兒子立定什麼志向應該由他自己來掌握，他相信兒子有能力選擇自己的發展方向。5 歲那年，父親問蔡志忠：「你長大後要做什麼呢？」志忠乾脆地回答：「我啊，我最想畫招牌。」父親聽後，並沒有因為兒子志向渺小而不快，更沒有責備他胸無大志。

　　受到家庭環境的影響，蔡志忠從小就喜歡畫畫，興起的時候就在牆上塗鴉。父親面嚴心慈，對兒子做的不太「規矩」的事，並沒有嚴厲批評，還受這件事情的觸發，給兒子買了一塊小黑板，這也成了促使蔡志忠走上畫漫畫這條道路的原動力。

　　上了國中後，蔡志忠大部分的時間都用在了看漫畫書和畫漫畫上。而且每每向拮据的父親要錢買漫畫書，父親總是多給他一些。因為漫畫占用了他大部分時間，國中二年級的時候蔡志忠遭到了留級。父親非常失望，免不了責罵，但他並沒有終日緊盯兒子學習、用功讀書，生氣之餘仍採用

了暗中觀察，希望兒子在學業上能稍微用點功。

這個時候，父親也許還不知道，蔡志忠已經開始嘗試自編腳本，畫成作品，並且多次被臺北出版社採用。15 歲那年，也正是他留級的那個暑假，臺北一家漫畫出版社寫信邀請他去畫漫畫。當時對蔡志忠而言，在漫畫與學業之間做出選擇並不痛苦，只是他不知道父親能否答應他放棄學業。

那天晚上，蔡志忠忐忑不安地走到父親身後，輕聲說：「爸，我明天要到臺北去畫漫畫。」父親沒有回頭，邊看報紙邊問兒子：「有工作了嗎？」「有了！」「那就去吧！」父親說完，繼續看他的報紙。或許，此時的蔡志忠和他的父親都未曾想到，這短短的十來秒鐘的對話，竟決定了蔡志忠一生的漫畫之路。

從此，蔡志忠成為職業漫畫家，並於 1977 年創立了遠東卡通公司，開創了中國古籍漫畫先河，風行至今。

▌歷史評說

蔡志忠的成功向許多父母證實了一件事情，那就是家長體察並尊重孩子的選擇，可能會改變孩子的一生。

很佩服蔡志忠的父親，敢把 15 歲的孩子放出去闖蕩。兒子在 5 歲時就立志長大後要畫招牌，面對這樣「渺小」的願望，是不是應該唸他幾句沒出息，讓他「改邪歸正」呢？可是父親沒有把他的興趣扼殺在萌芽狀態，而是給了這個「芽」足夠見「陽光」的機會。人各有志，所以當還稚氣的兒子說出那樣篤定的話時，父親鬆開了握在手裡孩子的「翅膀」，讓他去「單飛」。

術業有所專攻。對於自己感興趣的事情，人往往會用積極的態度去努

力。許多偉大的人才都是在童年時就表現出了非凡的氣質和天賦，也許這些表現並不見容於當時的正規教育，但只要家長們能認真思考，仔細觀察，說不定就會將子女引上一條光明大道。

可在現實，我們的父母大多習慣於「學而優則仕」的思路，過於關注兒女的成績，卻忽視孩子天性所表現出來的興趣、愛好，認為這會使孩子不務正業。同時，許多家長把孩子當作是自己在現實生活中重來一次的機會：小時候自己想當畫家的，便把孩子送去學畫；想當科學家的，索性坐在孩子身邊，陪著早睡早起；什麼流行學什麼；什麼熱門考什麼。可是孩子畢竟不是父母想法的複製人，家長們是否和孩子平等地坐下來談過，聽聽他們的真實願望呢？

一對國中畢業的雙胞胎姐妹從小愛唱愛跳、活潑開朗。督促學習本無錯，可是父母整天逼著她們學習，成績不好便責罵，就連寒暑假也將她們關家中複習功課，兩姐妹因此變得更加厭倦學習，厭煩父母，成績直線下滑，最終導致了不可挽回的局面。試想，如果小姐妹的父母能夠和她們多溝通，因勢利導，事情的結果也許會是另一個樣子。

慧寶良方

小樹苗能否長成參天大樹，要根據它們喜陰喜陽，喜冷喜暖來培植；對於孩子更是應該如此。家長應該盡量體察孩子的志向，正確加以引導。

關注孩子的天性，善待孩子的興趣

畢竟，聰明與成就並不一定都表現在成績上。學校的教育更多的是一種填鴨式的灌輸教育方式，而不是讓學生們自發地、有創造性地獲得知識。所以，有許多學生討厭上學，學習成績不理想。

愛玩、調皮是一切孩子的天性，但有時候，在玩的過程中，蘊育了許多孩子的潛能，更多的東西是在兒童天性之中自然而然流露出來的。歐洲著名畫家達文西，他之所以能成為一名畫家，就在於他的父親在兒子的遊戲過程中發現了他的愛好，並為他發展繪畫才能。同樣，我們的父母在教育子女時，也應該悉心體察孩子的需求，找到興趣點，加以引導，使其充滿活力地健康成長。

悉心交流，平等溝通

身為父母，熱情地給孩子報名參加各種輔導班的時候，是不是總處在一廂情願的尷尬情況呢？雖不需懷疑家長的愛，但總應該多和孩子溝通，認真地問問孩子，喜歡什麼，長大後想從事什麼。不要讓有音樂天分的孩子卻握著不感興趣的畫筆。

著名翻譯家傅雷，也曾固執地認為讓兒子傅聰學畫一定會有所造詣。經過幾番「較量」後，傅雷發現兒子根本不是畫畫的「料」，反倒是對音樂特別敏感。於是他決定讓兒子改學鋼琴，沒想到這次的決定也改變了兒子的一生。最終傅聰憑著精湛的技巧震驚了中外樂壇。

有意義地揚長避短

家長要努力為揚長避短賦予積極的含義。也許你的孩子算術不精準，但他很有文采，那麼不要把他的弱點抓住不放，而是要表揚他的長處，勉勵孩子以優點彌補自己的短處。

現實當中，許多成功人士在幼年的時候，都有著「特別突出」、「吊車尾」的經歷，但是他們的家長並沒有喪失信心，也沒有打擊、諷刺，而是在發現他們的長處後，順應孩子的意願，尊重孩子的選擇，使他們的長處得以充分發展，受用一生。

李澤楷：管放結合，讓孩子快樂地生活

「誰拒絕父母對自己的訓導，誰就首先失去做人的機會」；同時，培養與塑造孩子獨立的人格和能力，也是父母的重要責任。許多家長進行教育時在「管」和「放」孰重孰輕的問題上，出現了矛盾；而另一些家長則成功地做到了「管放結合」，成了教育的典範。

香港新聞界曾以〈李嘉誠部署子承父業，龍兄虎弟嶄露頭角〉為題，專門報導了李嘉誠「順境之子」的情況；隨即，超級富豪李嘉誠「管放」結合，育子成才的美談也隨之傳遍了世界各地。

▋智趣故事

李嘉誠有兩個兒子。長子李澤鉅，現為長江實業集團董事長；次子李澤楷現擔任電訊盈科公司行政總裁，被美國人稱為「亞洲年輕的企業新星」。

基於自己少年時的坎坷，李澤鉅和李澤楷打出生起，李嘉誠就和夫人商定：首先要讓孩子感到家庭的溫暖，其次要讓他們得到最好的教育。所以，李澤鉅和李澤楷兄弟倆很小的時候，李嘉誠便請人教他們讀書寫字。到他們八九歲時，又開始對他們進行獨特的商業薰陶：每當開董事會，李嘉誠就讓兒子坐在專門設置的小椅子上列席會議。有時大家爭論的面紅耳赤，兄弟倆嚇得哇哇直哭，李嘉誠說：「別怕，我們爭吵是為了工作，木不鑽不透，理不辯不明嘛！」

在生活上李嘉誠非常注意自身的克勤克儉，不讓奢華影響孩子，他認

為「不管你擁有多少財產，絕不能讓孩子養成嬌生慣養、任意揮霍的生活習慣。」同時，他還特別教導兒子要考慮他人的利益，不要占任何人的便宜，要努力地學習和工作。兄弟倆上大學以前，李嘉誠每個週日都拒絕所有的應酬，帶他們到一艘絕不豪華的小遊艇上，「好處是跟他們說道理，他們也無處可逃」。

讀完中學後，李嘉誠將他們送到美國史丹佛大學留學深造。對此，李嘉誠表示：「為了他們的將來，就算是不忍心也要忍。」在孩子們留學期間，李嘉誠不但密切關注他們學業長進，更注重他們品德的培養。在他的鼓勵下，李氏兄弟都從事勤工儉學的活動。

畢業後的李氏兄弟提出想在父親的公司施展才華，沒想到又一次遭到了父親的拒絕。他對兄弟倆說：「讓實證來證明你們是否夠格到我公司來任職。」

兄弟倆這才恍然大悟，原來父親是把他們推向社會，經風雨，見世面，鍛鍊成材。他們到了加拿大，李澤鉅開設了地產開發公司，李澤楷成了多倫多投資銀行最年輕的合夥人。兄弟倆都成了商界出類拔萃的人物。

▎歷史評說

李嘉誠這些獨具匠心的做法，其用心只有一點：就是「管」和「放」結合，當管則管，當放則放。

他嚴格要求兒子：在學習上，嚴格規範；在生活上，克勤克儉，力求獨立；在做人上，正直有原則。這些都展現了父親的「管」。而李嘉誠把兄弟倆遠渡重洋送去留學，鼓勵他們勤工儉學，拒絕孩子沾父親的「光」，鍛鍊他們能夠獨當一面的能力，則重在「放」上，使他們最終靠自己的能力成為商業界的龍兄虎弟。

一直以來，在對孩子的教育問題上，「管」與「放」就是兩個難分高下的觀念。這裡所說的「管」就是教育、管理。亞洲家長在教育孩子的過程中，對於「管」向來很拿手。自古就有「養不教父之過」，生養他的父母加以正確的撫育、引導和管教，這可以說是一種責任。

但是過於偏愛子女的父母，卻容易進入到「過猶不及」的地步，從小到大，鉅細靡遺地包辦孩子的許多事情。曾經見到過這麼一位母親，她把小學二年級的孩子，費力地抱到離學校只有幾十公尺的地方，才不情願地放下來，目送他上學。可以想像，這種當「放」不放的教育結果將會是多麼可怕！

而「放」，既要處理好家庭教育管理的「度」，又要遵循孩子身心成長的規律。美國家長在培育孩子的過程中，大多持「放」的態度，孩子從小就經常聽到父母的口頭禪：「自己照顧好自己」，但過於讓孩子順其自然地生長，也極易走入當「管」不「管」，想管又管不了的地步。比如，當孩子進入大學階段，父母卻因為完全相信孩子的能力，對孩子的課業、心理、情感不聞不問，導致孩子如同大海上的小船，極易失去方向。

▌慧寶良方

孩子來到人世後，父母理應給予幫助，培養他們應有的獨立人格。因此，理性的家長應該學會善於「管放結合」，掌控好何時該管，何時該放的教育之度。

用科學的教育方法進行合理的指導

指導，不是命令，不是嚴格的控制和包辦。孩子毫無自制力的時候，如果養成了不良習慣，追究起來當然是家長沒有「管」好的責任；隨著孩

子自我意識和獨立意識逐步抬頭，一種「心理斷奶」的要求愈來愈強烈。此時，許多孩子想要自立而得不到，許多家長想讓孩子自立卻方法不當，導致雙方出現了矛盾，陷入「管不好」、「放不得」的尷尬中。

所以，父母應該多多學習科學的教育方法，比如，孟母為什麼三遷擇鄰，她不直接干涉孩子的交往，卻間接地選擇鄰居？家長的教育方法融入了更多的科學，才能合理地指導孩子。

理解和掌握孩子不同年齡的心理特點

魯迅先生在〈我們怎樣做父親〉一文中曾寫到：教育孩子，首先要理解，「倘不先行理解，一味蠻做，便大礙於孩子的發達」。

何時管多放少，何時管少放多，對於教育孩子來說，不能用具體的年齡階段來劃分「管」與「放」哪個來得更有效，而是要結合實際年齡、實際事情來具體分析。比如，小孩子沒有自制能力，養成了不好的習慣，當然需要家長的管制。但如果一味地認為孩子不懂事，而處處限制思想、限制手腳，則會使得不少孩子在成長關鍵期的智力發展受到限制。家長應該多琢磨理解孩子的心理，平衡「管」「放」，減少誤差。

「該放手時就放手」，訓練孩子的自主能力

現在，大部分未成年的孩子都是獨生子女，受到過多關懷的孩子們，其實更容易成為「問題孩子」，而家庭教育適度地「放」，也許會放出一個好孩子。如果家長們都能掌控好「放」的尺度，對孩子進行「遠端搖控」，那麼相信孩子會在「管」和「放」中健康地成長、成人。

牛頓：讓創造能力成就孩子的一生

有人說：二十一世紀的真正角逐，並不是技術上的較量，而是人腦和創造力的對抗。舉凡受過訓練的人都能夠操作機器，完成下達的指令，但是這個指令，就來源於人的創造性。創造是生存之源，說到「創造」，人們很容易與許多大發明家連繫起來，英國的科學家牛頓就是其中的一個。

▎智趣故事

牛頓出生於一個農民家庭，因為種種原因，他由祖母撫養長大。童年時代的牛頓性情孤僻，成績也不太好，但他愛思考，喜歡提出一些古怪的問題，比如「為什麼水車會轉？」「為什麼人不能飛？」祖母總是盡其所知耐心地回答。

年幼的牛頓不僅喜歡問，而且還熱衷於製作各種機械玩具。儘管家裡很窮，但在他的央求下，祖母還是為他買來了鋸子和小錘子。於是牛頓整日拿著他的工具敲敲打打，時不時做出個稀奇的小玩意兒出來。剛開始，他作的東西很簡單，同學老是嘲笑他，但是牛頓仍然很用心地製作，而且每一件都很有原創性，小桌子、小椅子、小車子，總是和一般見到的不一樣，每次拿給祖母看，祖母都會對他的「大作」大加讚賞，這更激發了他發明的欲望。

有一次，祖母發現他一連幾天放學都很晚才回家，拿著一堆撿來的小木片、小釘子、細鐵絲，飯後在燈下又是削又是刻的，在屋裡叮叮噹噹地敲打，弄的家裡不安靜。祖母沒有斥責他，心想，不知道這孩子又在搞什

麼小發明了！果然，幾天以後，一架小水車製成了。祖母樂得抱著小牛頓笑出聲來。第二天放學後，牛頓拿著自製的小水車，跑到小溪邊去試驗，小水車居然轉動起來，而且非常靈巧。可這時有個頑皮的同學，一腳把水車踢壞了，平時和氣待人的牛頓猛衝過去狠狠地教訓了那個同學。事後牛頓傷心地告訴了祖母，祖母安慰他說：「沒關係，我們一起再做一個更好的。」

▌歷史評說

在人們眼裡，「人不能飛」、「水車會轉」，是一個司空見慣的現象，但是，牛頓的腦子卻出現了一連串的「？」這些問號的產生和解決問號的決心，其實與祖母營造的一個寬鬆、隨性的環境有關。祖母未必懂得小牛頓的思考和手工是源於他的創造性思維，但她總是能耐心地欣賞孫子的「作品」，還大力讚揚和支持。而這正好保護了牛頓極其寶貴的求知欲，激發了他的創造力，使他對科學和發明創造愈來愈感興趣。

飛機發明家萊特兄弟也曾回憶道：「父親為我們帶來一個小玩具，用橡皮做動力，使它能飛起來，我們就照這個玩具仿製了幾個，都能成功地飛起來⋯⋯」後來他們玩上了癮，並萌生了造飛機的念頭。

可見，人的創造潛力是與生俱來的，而且往往在孩童以及少年時期最為活躍。如果加以培養和訓練，並形成一種思維方式，對往後的課業、工作有很大助益；但若不加以開發和保護，這種思維能力將逐漸減退。

▌慧寶良方

創造性的思維不用人教便已存在，但是完全功利、有目的性地教導與學習，卻可能讓孩子變得不會創造、不會想像。因此，科學的幼苗要從小開始保護。

孩子是天生擅長創造的

日本著名創造發明家恩田彰認為，「孩子的創造力，對別人未必新穎，但對於他本身卻是前所未有的，是一種自我實現的創造力。」見多識廣的大人，不應把這種創造力看成是「瞎說」和不起眼的小事。這種有意義的「瞎說」，是創造思維活動中的火花，家長應該給予積極的鼓勵讚揚。

有位老師曾講過這樣的例子：一個 3 歲男孩穿著吊帶褲，活動時被小朋友拉掉了扣子。他沒有求助老師，而把兩根背帶分兩邊，繞過腰繫住了褲子，然後繼續玩耍。這個急中生智的辦法，對成年人來說不足掛齒，但對一個 3 歲男孩來說就是「前所未有」的創造力。

營造輕鬆的家庭環境，培養孩子的想像力

家長不能因為孩子小而把他看成自己的附屬品，從而為其制定太多的框架，應該讓孩子做自己的主人，允許他有自己的稀奇古怪的想法和施展的空間，並透過遊戲等活動，積極地激發孩子的想像力和對新鮮事物旺盛的好奇心。

縱容孩子的動手甚至「破壞」行為

著名教育家陶行知先生描述過這樣一件事。一位母親對他抱怨說，她的兒子非常淘氣，把好好的一支貴重金錶給拆壞了，她把兒子打了一頓。陶行知先生當即說：「可惜呀，中國的愛迪生被你扼殺了。」

陶行知先生的這番話說明了目前許多家庭教育的盲點，已經直接影響到孩子創造力的形成。由於家長的高聲喝斥，孩子失去的將是千金難買的好奇心和動手的勇氣，與這相比，那貴重的金錶又算得了什麼呢？

增加孩子的閱歷，培養孩子的動手能力

　　知識和經驗是構成孩子想像力的元素，也是擁有創造力的基礎，教給孩子知識要盡可能涉及到多個領域；另外，家長總愛給孩子買那些擬真的玩具，這些玩具再新穎再漂亮，也不利於改造創新，在玩的過程中無助於孩子展開想像。因此，家長應該鼓勵孩子自己動手，體驗自己製造玩具的樂趣。

　　孩子接觸、學習科學，最重要的一個途徑就是動手。因為，只有經過動手實驗之後，才能驗證想像和理論是否會變成現實。

華盛頓：培養孩子成為有魅力的人

　　每個父母都希望自己的孩子是一個受人歡迎和喜愛的人。現實生活中，最受人喜歡的性格是正直、謙虛、誠實、值得信賴。許多人正是因為具備這些難能可貴的品格而受人尊重。美國第一任總統喬治‧華盛頓就是其中一個。有人這樣評價說：「他幾乎是個文盲，沒念過什麼書。他的學識與他的地位及聲望一點也不相稱。」可見華盛頓的魅力並不在於他讀過多少書，主要是憑藉其高尚的品德、堅定的信念，以及因此得到的人民的信任。

　　而這一切品德，都受益於他母親的教育和影響。這位養育了一代偉人的母親瑪麗（Mary Ball Washington）非常受人敬仰。基於她生前一向樸實和謙遜，美國人為她立了一座碑，碑文上也沒有任何華麗的辭藻，只是簡單地刻著：瑪麗，華盛頓之母。

▌智趣故事

　　華盛頓家中種了不少的櫻桃樹。小華盛頓生日那天，父親奧古斯丁（Augustine Washington）送給他一把漂亮的斧頭。華盛頓十分喜歡，他想著，它究竟有多鋒利呢？第二天，他跑到一棵小櫻桃樹前面，揮斧砍了過去。那小斧頭果真鋒利，小櫻桃樹被砍倒了。

　　奧古斯丁發現自己剛剛從英國進口的小樹被砍倒了，十分惱火，厲聲喝斥：「這是誰幹的？」華盛頓知道不妙，但仍然主動坦白：「我不願意撒謊，這樹是我砍倒的！」一旁的瑪麗迅速地在丈夫耳邊說了幾句話，隨後

奧古斯丁怒氣全消，還將兒子緊緊摟在懷裡，誇獎他誠實。並表示：這種品德，比櫻桃樹要寶貴一千倍。

華盛頓 16 歲那年，瑪麗為了將兒子錘鍊成勇敢、堅毅的男子漢，毅然支持他去從軍。

美國獨立戰爭爆發不久，華盛頓被推舉為陸軍總司令。臨行前，瑪麗對兒子說：「不要忘記你是美國的公民，上帝只是使你比別人更幸運一些而已！」此後的數年間，瑪麗還托人轉告兒子，希望他戒驕戒躁，乘勝前進，爭取更大的勝利。

戰爭勝利後，華盛頓回家探望母親。她卻沒有像大眾輿論那樣讚揚兒子，只是自豪地說：「孩子，我為你很好地履行了自己的職責而高興。」在慶祝華盛頓榮歸而舉行的盛大的舞會上，所有人無不以欽佩的目光，期待他們的致詞，但瑪麗只是謙恭莊重地說：「很高興能和大家一起同樂！」而華盛頓，也沒有什麼慷慨激昂的演說，顯得更加樸實隨和。

華盛頓正式當選為美國總統，赴任前和母親告別。瑪麗擦了一下欣喜的淚水囑託：「你不用再來看我了。去吧，我的好喬治，你要永遠做好事！」

▍歷史評說

華盛頓沒有受過正規的高等教育，但是這絲毫不影響他在人們心目中的地位，因為他傳承了母親瑪麗做人的法寶 —— 謙虛和誠實。

一棵名貴的小櫻桃樹和一句承認錯誤的真話，哪一個更有價值？瑪麗及時地制止了丈夫的怒氣，反而誇獎他的誠實，使華盛頓可貴的品格得以保持下來。

同時，在人們為華盛頓的勝利而歡呼，各種榮譽和呼聲接踵而至的時

候，母親瑪麗言傳身教華盛頓，面對榮譽和輝煌時仍然應當謙恭，平靜淡然，而不是大加炫耀。這樣謙虛和誠實的品格特質，伴隨了他的戎馬之旅和政治生涯，也使得這位充滿了傳奇色彩的英雄人物，更加值得人們的尊重和傳誦。

謙虛和誠實是人類的美德，作為人格的一部分，是在環境中長期孕育、薰陶的成果。若從小被撒下「謙虛和誠實」的種子，榮譽感、自信心油然而生，與人互信互賴的關係也會很穩定，長大後自然會是堂堂正正，受人尊重的人；但反之，只打誑語，謊話連篇，喜歡高談闊論，把自己的事業講給大家聽，停滯不前的人，他的價值和威信一定是微不足道的。

而驕傲為不祥之兆。正如我國明代進士龐尚鵬所說：「凡是有錢有學問而瞧不起別人的人，便是在作孽。即使道德古今第一，也不過是份內的事，沒有什麼值得炫耀的。人的一生中充滿凶惡，只有謙虛退讓，才能受益。」而那些取得一點小成績便沾沾自喜，不思進取的人，無論他們把自己描繪得多麼偉大，也終將被驕傲摧毀！

▎慧寶良方

因此，我們的家長，應該從小培養孩子謙虛和誠實的美德，讓孩子成為更有魅力、更受人歡迎的人。

真話比黃金還珍貴

小孩子不是天生就會說謊話的。家庭首要應該是保護孩子誠實的基地。家長要隨時察覺他的情緒和需求，給他安全、信任、足夠的關愛；讓孩子從小生活在公平、信任中；常常反省自己、調整自己，培養孩子成為一個人見人愛、誠實守信的人。

嚴肅對待孩子的謊言

許多家長抱有這樣的態度「只要成績好了，其他什麼都不重要！」實際上這是錯誤的，誠實與否將嚴重影響孩子以後的發展。

有個大學生到美國攻讀博士，去了幾天後，用實驗室的電話打了 40 分鐘的長途電話。導師在看過電話帳單後，找這個博士生談，開始這個博士生不承認，後來才承認。第二天，他被開除了，理由很簡單：像這樣的學生，不能保證他在寫博士論文的時候不用假資料。

所以要及時地制止孩子的謊話，不要讓謊言發展成為「欺騙行為」，那樣的話，成績再好，也不足以稱道，到頭來還是害了自己。

表揚孩子要有分寸

教育家卡爾·威特在表揚兒子時從不刻意張揚，只有在成績特別突出的時候才把他抱在懷裡；而且，他從來不讓客人當面誇獎兒子，因為他認為那樣做只會讓兒子停滯不前。

孩子取得成績當然要表揚，當今許多父母喜歡在眾人面前炫耀孩子在某方面「與眾不同」，這樣很容易使孩子自滿。家長不能一味地表揚，還要指出不足，督促他再接再厲，繼續前進，才能讓他取得更好的成就。

另外家長也應該審視一下自己，是否在孩子面前常常老王賣瓜，炫耀自己的業績，喜歡「吹牛」、「好大喜功」。有時候，我們自己也需要謹言慎行，讓家庭成為培育孩子謙虛、誠實美德的溫床。

歌德：擅長表達，好語言能力伴隨終身

許多人認為，「語言能力」不就是說話嗎？這有什麼好重視的呢？事實上，一個生長在豐富語言環境中的孩子具有更多的優勢，他們成為傑出的演講家或作家一點也不足為奇。比如莎士比亞，比如魯迅。比如德國文學史上的泰斗、歐洲著名作家歌德，他的父親在早期教育上，非常善於用語言來啟發他各方面的才能。

智趣故事

歌德出生於萊茵河畔的法蘭克福，他是家中唯一的男孩。從歌德出生起，父親就有計劃地對他進行嚴格教育，歌德還在嬰幼兒時期時，父親經常抱他出去玩，在父子倆休息的間隙，父親為歌德朗誦歌謠，這些歌謠既好念，又好學，每次外出，歌德都能背上一兩首，隨著外出次數的增加，歌德的口語能力也不斷地增強。

從歌德 4 歲開始，父親親自教他讀書識字，而且請了好幾位家庭教師，教兒子學習各種語言。聰明、求知欲強的小歌德，很快就通曉了父親及其他教師所教的功課。因此，他 8 歲就能閱讀德文、法文、義大利文、拉丁文等多種文字的書籍。

在歌德家裡常會出現這樣的場面：小歌德站在椅子上，面對「觀眾」，用稚嫩的童音「發表演說」。這些觀眾，是歌德的父親為了訓練兒子的口才，特意找親朋好友充當的。剛開始，小歌德對著那麼多大人有些害怕，說話也結結巴巴、詞不達意。經過一段時間的鍛鍊，他變得口齒伶俐，演

講起來隨心所欲、極富感染力。父親還經常邀請鄰居的孩子來家裡舉行「詩會」，在「詩會」上，小歌德聲情並茂地朗誦自己寫的詩，得到了大家的好評。

歌德的外祖母對這個小外孫也是疼愛有加。她請人在家中表演木偶戲，還送歌德一套表演浮士德故事的木偶戲玩具，小歌德和其他孩子便興致勃勃地排演這個劇碼，並且拉來一批小觀眾。可沒多久，演員連同小觀眾都厭煩了，來來去去演同一種劇碼確實無趣，他們決定自己動手做行頭、裝飾，自己編臺詞表演。這對提高歌德的表現力、想像力和語言能力發揮了不小的作用。

14 歲的歌德開始寫劇本，25 歲他發表了風靡全球的小說《少年維特的煩惱》，成為德國乃至世界文壇上一顆燦爛的巨星，並被恩格斯（Fried-rich Engels）推崇為文藝領域裡「真正的奧林匹克神山上的宙斯」。

▋歷史評說

人們稱歌德是個天才，事實上，歌德的才能並不是與生俱來的，他能取得如此成績，主要靠他父母對他精心的教育。

歌德的父親為了把他培養成一個出類拔萃的人，可謂費盡了心思。值得家長們借鑑的是，他不僅培養歌德多方面的興趣，還非常注重他語言方面的訓練。他為孩子朗誦並背誦詩歌，請家庭教師教授多種外語，製造公開場合，讓兒子「演講」；同時，外祖母帶動孩子們的遊戲活動，也成了歌德鍛鍊語言和文采能力的基石。

語言能力是各種能力的基礎。它可不是「上嘴唇一碰下嘴唇」那麼簡單，還含有說話能力和文字使用能力，而且與人的智力密切相關。儘早使孩子學會語言、學好語言，是開發智力、提高表達能力、理解能力的前

提。倘若不給孩子說話的機會和用流暢的語言表達思維的機會，對他一生的發展都沒有什麼好處。所以家長們應該重視孩子語言的發展。

在一次對美國第三大電腦公司總裁的採訪中，記者問他：「您成功的祕訣是什麼？」他提出了三點，其中一點就是語言能力。不得不承認在語言方面，東西方差距還是非常大的。從電視採訪中我們可以看到許多西方人說起話來都是非常流暢，不間斷，而這種能力普遍是從小的時候培養起來的。

我們的家庭普遍對孩子語言能力的發展沒有足夠的重視，家長往往不會刻意地鍛鍊孩子的語言表達能力和統合能力。但是這種語言能力上的欠缺，在不久後的幾年或者十幾年裡，就會暴露出來。

▎慧寶良方

因此家長們需要掌握好孩子語言訓練的「黃金時期」。多讓孩子說話，多聽孩子說話，多跟孩子講話，給他提供表達自己思想的機會。

◇ **找準時機，「灌輸」語言**：卡爾·威特主張，3 歲以前就灌輸孩子語言，而且是標準的語言。他認為教孩子稱鴨子為「丫丫」、小狗叫「汪汪」之類，是語言傳授上的彎路，毫無意義。所以在孩子「牙牙」學語階段，就應當盡量多地抓住時機，讓孩子接觸語言。比如散步時、臨睡前，為孩子用標準的國語朗讀，從一開始就為他提供正規的語言「範本」。

◇ **做語言遊戲，「玩」出豐富的詞彙**：與孩子交流時用詞盡量豐富多樣。比如，形容「高興」，相近的詞可以說「興高采烈」、「興致勃勃」等，讓孩子學語言一開始就有個很好的出發點。隨著孩子年齡的增長，家長可以想方設法做一些開發語言能力的遊戲，讓他覺得學語言是一項

很有趣的事。既鍛鍊了記憶力、想像力、思維擴張能力，又培養了他的語言敏感和對語言的興趣。

✧ **語言描述，提高口語表達水準**：鼓勵孩子自己講故事、編故事。帶孩子到戶外遊玩，開闊眼界，並引導孩子用自己的語言描述他所看到的、聽到的，想到什麼就說什麼，學會把內心感受、看法表達出來，「見物生情，出口成章」。鼓勵孩子在班上發言，參加演講等活動，鍛鍊孩子在他人面前鎮定自若表達自己的能力。久而久之，將會對其他能力的發展也有很大的幫助。

✧ **學習外語和學習母語一樣重要和迫切**：除了母語，孩子還應當學外語，首選自然是國際語言 —— 英語。精通英語可以擴大一個人成就的上限。對於年幼的孩子來說，每一種語言都是外來語，不會互相干擾；而且孩子學習語言，對他來說，是遊戲，不是功課。

卡爾‧威特：讓孩子早日邁出成材的步伐

「即使是普通的孩子，只要教育得好，也會成為不平凡的人。」這是德國知名學者卡爾‧威特（Karl Witte）的父親說的。卡爾‧威特曾經是個被人議論的「白痴」，可是經過父親的教育，他 16 歲獲得法學博士學位，並被任命為柏林大學的法學教授。他的成功驗證了父親教育理念的成功 —— 普通孩子可以成為不平凡的人。

智趣故事

小威特出生後，很多人知道他不僅不聰明，而且是個智力遲緩的孩子。大家紛紛議論說「小威特是個白痴，別期待他有什麼出息」，但是老威特可不這樣想，他依舊教育得很認真。

對嬰兒時期的小威特，老威特常常在兒子眼前伸出手指，起初兒子由於看不準，不容易抓到，最後終於抓到了，這時他就用緩和又清晰的語調，反覆發出「手指」的聲音給孩子聽。

在小威特 3 歲的時候，老威特開始教他讀書識字，訣竅是引發孩子的興趣。老威特先買來故事書，給兒子講故事，之後讓小威特再唸一遍，強化他的記憶，增加詞彙量。見小威特提起了興趣，老威特就抓住機會說「你要能認識字就好了。」小威特很高興地接受了。後來小威特纏著爸爸講故事給他聽，老威特故意不答應，說：「我太忙了，你自己看吧。」小威特當然看不懂，著急得哭了，這時老威特才說：「那我教你認字吧。」

老威特每天帶孩子到戶外散步一兩個小時，邊走邊交談。看花，捉昆

蟲，孩子總有問題要問，這時候他就耐心地講給孩子聽。一次他們登上村裡的高塔，放眼四方，老威特讓孩子畫村落地圖；再散步的時候，又讓兒子在地圖上標出道路、河流和樹林。這樣，小威特掌握了幼兒難以理解的地圖概念。老威特還經常帶孩子去博物館、美術館、植物園、工廠、礦坑，增廣見聞。到了 5 歲時，小威特幾乎周遊了德國所有大城市。

就這樣，小威特對語言文字和其他科學產生了濃厚的興趣，並能夠靈活地掌握複雜的知識。到了八九歲時，小威特已經能夠自由運用幾門語言。萊比錫大學的校長透過考查，宣布「九歲的小威特具備了十八九歲青年所不及的智力和學歷，而這正是他父親適當地施行早期教育的結果」。

歷史評說

小威特並不是一出生被認定為天才，他智力遲緩，有人叫他「痴呆兒」。但正如那位校長所說，這正是「適當地施行早期教育的結果」。父親威特是理智的，在對待兒子的問題上，沒有聽之任之，也沒有過分嚴厲，而是從幼兒時期開始進行啟蒙教育。他有效的教育「法寶」：一是想方設法引發孩子的興趣，使小威特對事物始終保持著一種好奇心和求知欲；二是用講故事，增加孩子的詞彙；三是用靈活多變的教育方式，教給孩子思考問題的方法；四是陶冶性情。最終使他成長為天才少年。

古語說「一年之計在於春，一日之計在於晨」，那麼一人之計呢？應該在於「童」。孩子的許多智力、興趣和習慣都是從兒童時期形成的。因此給孩子一個良好的開始，對於他以後的學習、生活都有相當重要的作用。

從日常生活中我們就可以看到，小孩子無論是學習語言、接受能力，還是學習其他技能都要比成年以後快得多。日本的教育學家木村久一提出

了「潛力的遞減法則」。他假設生來具有100%潛力的兒童，如果從一生下來就給他進行理想的教育，那麼就可能成為一個具有100%能力的成人；而如果從10歲開始教育的話，教育得再好，也很難達到具備60%能力的成人。由此看來，開發智力的很大一部分工作要在一個人的幼年和童年時期進行。

但是，許多家長在孩子的教育上陷入了比較極端的盲點，一種是求成心切，陷入「揠苗助長」的境界；一種則在教育上顯得過於草率，順其自然，認為孩子的能力到了一定年齡自然就形成了，孩子聰明與否都是天生的。

人剛生下來時差別並不大，但由於小時候所處的環境和接受的教育不同，有的人可能成為英才，有的人則變成了凡夫俗子甚至蠢才。

▌慧寶良方

早期教育的重要性是不言而喻的。但究竟教什麼、怎麼教，卻大有學問。

培養孩子廣泛、強烈、穩定的興趣，讓他們做興趣的主人

其實，現在兒童的智商都比較高，關鍵是讓孩子把自己的特點和興趣展示出來，興趣可以得到充分展示才是天才發展的最好契機。

家長可以在輕鬆的環境下，以孩子感興趣的東西作為工具，透過遊戲、音樂、繪畫等活動，培養孩子的各種基本能力和學習興趣。不要強迫孩子喜歡什麼或不喜歡什麼，也不要干涉孩子「錯誤的行為」。孩子可能把白雲畫成了黑的，但這並不需要糾正，因為這可能是他對「烏」雲的理解。

樹立正確的教育目標，遵循幼兒身心發展的規律

想讓一個剛學會說話的孩子出口成章是不現實的。「揠苗助長」，無異於將參天大樹扼殺在萌芽時期。所以，對於尚未成年的兒童，家長需要根據孩子的學習情況來穩步地確定目標。

授之以漁，培養能力

「交給孩子開門的鑰匙比帶他們進入房間更為合適。」機械地讓孩子背誦一些不符合年齡的科學名詞、概念，反而對孩子的成長有害。倒不如教給孩子掌握問題的方法。所以授之以「魚」不如授之以「漁」。獲得了捕魚的方法將終生受益。

重視非智力因素，陶冶孩子性情

早期教育不能以死記硬背為基礎，以犧牲遊戲的時間為代價。一個人的成功中，智商因素只占 20％，80％歸功於良好的心理素養。如果一個人性格孤僻、自卑、急躁，不能面對挫折，智商再高也難成大器。所以必須從小培養孩子健全的人格，較強的忍耐力、適應力、自信心和探索精神等，比單純地擁有知識更為重要。

安徒生：家庭是培養美育的重要基地

　　愛美是人的天性。對於孩子來說，「美」也十分重要，生活中的各個環節，各種美的事物，都可以對他們產生非常重要的影響。檢視許多名人的成長過程，他們的家庭都在美育上花了很多心思。比如丹麥的著名童話作家安徒生，雖然童年生活窘困，但他的父母仍然在美育方面做了很大的努力。

智趣故事

　　在安徒生居住的那個小城鎮上，有不少貴族和地主，而安徒生的父親只是個窮鞋匠，母親是個洗衣婦。當地的貴族地主們生怕降低了自己的身分，都不允許自己家的孩子與安徒生一塊兒玩。父親看在眼裡，氣在心裡，但是一點也沒有在孩子的面前表露出來，反而對兒子說：「孩子，別人不跟你玩，爸爸來陪你玩吧！」

　　安徒生的家是一間小屋，這小屋既是他們的住處，也是父親的補鞋攤子。小屋裡，破凳爛床把小小的空間塞得滿滿的，沒給安徒生留下多大的活動空間。然而，就是這麼一間破爛的小屋，父親卻把它布置得像一個小博物館似的，牆上掛上了許多圖畫和裝飾用的瓷器，櫥窗櫃上擺了一些玩具，書架上放滿了書籍和歌譜，就是在門玻璃上，也畫了一幅風景畫……父親常對安徒生講《一千零一夜》等古代阿拉伯故事，有時則為給他讀一段丹麥喜劇作家路德維格‧霍爾堡（Ludvig Holberg）的劇本，或者英國莎士比亞的劇本。這些書本中的故事使小安徒生浮想聯翩，常常情不自禁地

取出櫥窗裡父親雕刻的木偶，根據故事情節表演起來。

而這並不能讓安徒生的父親感到滿足，他還用碎布替木偶縫製小衣服，把它們打扮成討飯的乞丐、小孩、欺壓百姓的貴族和地主等，編起木偶戲來。為了開闊孩子的眼界，豐富孩子的精神世界，父母親同意和鼓勵安徒生到街頭去看油嘴滑舌的生意人、埋頭工作的手藝人、老乞丐、橫衝直撞的貴族和偽善的市長等，獲得各種經歷。

童年的遐想和生活經歷，為安徒生提供了源源不斷的靈感，並成功地創作出了〈賣火柴的小女孩〉、〈醜小鴨〉等優秀的童話故事。

▌歷史評說

人們似乎很難將一個擁擠的小屋、幾本舊書、自製的木偶、一個修鞋的父親和一個洗衣服的母親與一位著名的童話作家連繫在一起。可以說安徒生能寫出如此生動的作品，是與他小時候的生活經歷有密切連繫的。

安徒生雖然家境貧寒，父母文化程度不高，但是他們崇尚美的東西，無形中把家庭美育發揮得淋漓盡致。父親繪聲繪色地給他講故事，把房間布置得充滿趣味，精心地編排木偶戲，帶著他觀察生活。這些都是美的東西，也使小安徒生在不知不覺中接受了美的薰陶，獲得知識，成為一個伴隨幾代人的童話王子。

為此我們可以看到家庭美育的重要性。美育的內容很廣泛，可以說「以美育人，其樂無窮」。它可以是視覺的，聽覺的，心靈的，環境的以及專業藝術技能等等。美的事物，美的形象，美的寓意能夠感染孩子，喚起孩子情感的共鳴，使孩子在愉悅中，不知不覺地接受了美，學習知識，形成良好的品德和習慣；而且對於家長來說，更可以透過美育，來早期發現和培養兒童藝術才能，為孩子的將來「把脈」。

「人的根本改造應當從兒童的感情教育、美的教育入手」，難道不是這樣嗎？大科學家愛因斯坦伴隨著母親的琴聲長大；音樂家傅聰的音樂才能受益於父母平時的音樂薰陶；高爾基走上作家之路源於外祖母優美的「口頭文學」等等。可見，在生活中對孩子進行審美教育，培養孩子感受美、表現美、創造美的能力，比乾巴巴地傳授道理要奏效得多。因此，盼望孩子成材的家長，是不應當忽視家庭美育的。

雖然家庭美育在人們心目中已經得到了認可，但許多家長卻將美育單純地理解為對孩子進行音樂、舞蹈、繪畫等方面的才藝訓練；如果孩子不是那塊「料」，就不去培養他的「美育」了，實際上這將使教育結果大打折扣。

慧寶良方

美的教育在孩子成長過程中占有重要的地位，那麼如何有效地對孩子進行美育呢？

藝術是家長對孩子進行美育的基礎

父母要盡量利用藝術作品或參與藝術活動，如唱歌、跳舞、繪畫、聽故事等，來增進孩子的美感，培養欣賞美、創造美的能力，使孩子生活愉快，性格活潑開朗。

家長對孩子進行音樂教育、美術教育，主要目的不是培養藝術家，而是讓孩子能受到藝術的薰陶，培養他的藝術修養，為今後漫長的人生準備好一份享用不盡的快樂；讓他們更好地認識世界，提高他們的創造力和想像力。

文學教育讓孩子受益終生

孩子的語言是在環境和教育的影響下形成和發展的，語言的發展甚至影響到整個智力水準的發展。

中國現代文學家茅盾的文學淵源，就是從聽母親講故事、看父親藏的「閒書」開始的。當時的人很難想像，這些「閒書」也可以讓孩子把文理看通。因此，家長可以運用給孩子讀順口溜、詩歌、講故事等生動的文學形式，啟發孩子學習優美語言的興趣，激發求知欲，提高語言的表達能力。

同時，有趣的故事、神奇的童話對於形成孩子的美、醜、好、壞的是非觀念非常有益。

為孩子提供富有情趣的家庭環境

為激發、鼓勵孩子「從事」美的活動，要盡量為孩子營造一個適宜的生活環境。我們都知道，舒適美觀，整齊清潔的環境，使人心情舒暢。父母們不妨多花費些時間和心思裝飾環境，掛些格調高雅的字畫，擺放藝術性的居家裝飾，利用色彩、裝飾品、壁畫、玩具等使生活環境充滿活力和生機。

大自然是對孩子進行美育的豐富泉源

大自然的變化會使孩子感到其美無比、其樂無窮。家長可以經常帶孩子接觸大自然，遊覽名山大川。對孩子來說，這種生動形象的教育不僅可以豐富知識，開闊眼界，還可以陶冶性情，激勵熱愛美、熱愛生活、熱愛大自然的情感。

達爾文：有效的鼓勵能夠造就天才

「鼓勵是支持與動力，鼓勵是信心與信仰」。從無數偉大人才成長的經歷來看，鼓勵在他們的身上都產生了相當重要的作用。著名的進化論奠基人達爾文，他就是在父親和舅舅的鼓勵下成長起來並成為著名科學家的。

▌智趣故事

達爾文從小就對植物與動物感興趣，並搜集了許多風乾的植物和貝殼、化石等東西。一次，他利用下課時間採集植物，受到校長的當眾訓斥，並被警告說：「如果還玩這些不相干的玩意兒，就把你趕出學校去。」回到家，達爾文把這件事告訴了父親，父親鼓勵他說：「你有你自己的興趣，這很好。你還可以繼續收集，但不要把它們再帶到學校裡去了，爸爸給你找個地方安置它們。」於是他把花園裡一間小棚子交給達爾文做實驗用。

達爾文 10 歲那年，他和老師、同學一起到威爾士海岸度假。臨行前，父親囑咐他在外要學會照料自己，學到豐富的知識。在那裡，達爾文觀察和採集了許多海洋植物的標本。小達爾文富於幻想，他宣稱他收集的幾塊化石是價值連城的奇珍異寶，還說一塊硬幣是羅馬時期造的。人們認為他沾染了說謊的惡習，可是老達爾文卻不這麼看，他說：「這說明孩子富有想像力，有一天他可能會把這種才能用到正事上去。」

在達爾文的成才中，還受舅舅韋奇伍德（Josiah Wedgwood II）的教育。舅舅經常鼓勵達爾文把觀察到的記錄下來。剛開始達爾文顯得笨手笨

腳，記的也很簡略，但舅舅說：「不要緊，再努力些你可以做得更好。」果然達爾文對每一個標本都做了很好的紀錄，有的還畫了插圖。

這時舅舅又提出了更高的標準，他說：「你應該把自己當作一個畫家，但要使用文字而不是用畫筆與顏色。當你描述一種花，一種蝴蝶，甚至一種苔蘚的時候，你一定要讓別人根據你的描述，立刻辨認出這種東西來。」可達爾文卻打退堂鼓了，他對舅舅說「我的文筆一向不好，這個恐怕很難。」韋奇伍德充滿信心地說：「用心去做吧，沒有什麼難的事！」受到了鼓勵的達爾文，為了提高文字表達能力，認真地讀了許多優秀的文學作品。這些都為後來的科學考察和研究打下了良好的基礎。

▎歷史評說

「孩子需要鼓勵，就如植物需要澆水一樣，離開鼓勵，孩子就不能生存！」從達爾文的成長，我們可以看到，每一次鼓勵，都是在為他創造一次機會。

當校長對達爾文的作為感到憤怒時，父親鼓勵他堅持搜集動物標本的愛好；當被人懷疑沾染了說謊的惡習時，父親的鼓勵使他保留了想像的天性；當第一次著手做紀錄時，舅舅的鼓勵使他學會做嚴謹的科學紀錄；當對自己的文字能力沒有信心時，舅舅的啟發和鼓勵，使他學會了用優美精準的語言記載自己的觀察所得。可以說，達爾文的成功。除了天性的敏感和對生物的興趣，離不開父親和舅舅的一次次鼓勵。

鼓勵是啟發人充滿自信心的一把鑰匙，也是激發孩子學習興趣的最佳方法。「鼓勵」聽起來十分吸引人，許多人常常以為鼓勵就是說好聽的。其實鼓勵是為孩子提供機會，培養一種信心：對感興趣的事情有能力執行；對失敗的事情有勇氣承擔；對未嘗試過的事做出積極主動的反應等等。

可偏偏許多家長對子女的表現過於「愛恨分明」，有誤必糾，糾之必嚴。對於成績差或者犯了錯誤的孩子，劈頭蓋臉地一頓訓斥，什麼「笨蛋」、「蠢貨」，一定要「痛徹心腑」才行，對孩子而言，這簡直就是精神上的虐待。本來就有點膽怯、自卑，這下少得可憐的自信心也被一掃而光了，久而久之，孩子形成「自己又蠢又笨」的心理，心灰意冷，怎麼還能希望他有什麼出息呢？

英國著名文學家思考特（Sir Walter Scott），他的成績一向是全班最末；愛因斯坦，天才的物理學家，他 9 歲時還沒有能力隨心所欲表達情意，上課時常因發呆而遭到老師斥責：「愛因斯坦，你真是笨到極點了，無可救藥！」但是，他們在家人的鼓勵下鼓起信心，發奮學習。設想，如果他們的家長，當初也整天恨鐵不成鋼地罵他們「笨蛋」，不知道現今要少了多少個科學家、文學家了。

▋ 慧寶良方

因此，我們的家長在對孩子的教育過程中要充分發揮鼓勵的作用，多給孩子鼓勵和表揚，增進他們的自信心和學習興趣。

要針對孩子進行客觀、公正的評價，「揚」他的長處。及時準確回饋，發自內心地去欣賞孩子的每一個小小的進步。

注重過程，淡化結果，努力為孩子減少消極壓力

只注重結果，而不考慮整個過程，容易將孩子逼進死胡同裡去。高明的父母總是能將過程看得比結果重要。對於天分比較低、學習成績較差的孩子來說，他們本身非常自卑，缺乏勇氣和信心，父母的信心是鼓起他們成長勇氣的風帆。

一個來自普通家庭的故事很能說明這一點：孩子垂頭喪氣地對父親說，我這次考了最後一名。父親接過考卷，沉思之後忽然大聲說「好！好！」孩子懵了，他不解地問父親，父親說：「你想啊，你是最後一名，後面沒有比你弱的了，那麼你一點壓力也沒有了，我相信，你只要稍微努力一下，就是前進啊！」孩子聽後，果真像父親那樣做了，每次前進一點，最後竟然進了全班的前三名。

家長應該客觀地對待孩子的能力，鼓勵孩子嘗試新事物

有一個很有意思的事情：在歐美，有許多孩子喜歡玩滑板遊戲，在幾尺高的臺階上跳上跳下。而在這些玩滑板的孩子中，亞洲血統的孩子很少，原因是什麼呢？許多亞洲家長認為這種遊戲太危險了，他們不相信孩子在這種危險中，能夠靈活自如地駕馭滑板，不受傷害。所以他們不鼓勵孩子去嘗試，只是一句「你怎麼可能」，宛如溫柔一刀，乾脆地割斷了孩子的信心。

鼓勵不是一味地誇獎、護短、說好話，或者物質獎勵。鼓勵是讓孩子有信心去做，而不是不切實際的讚揚。盲目地表揚孩子，容易使他們在成績面前驕傲甚至停滯不前。經常以物質做誘餌，則無異於培養一個訓練有素的「要脅者」。這樣對孩子都是無益的。

南丁格爾：培養好習慣，愛心永相伴

　　付出與回報往往是同等的。愛別人、幫助別人的同時，收穫的是他人的愛和尊重。人們在這個時候很容易想起倫敦中心的一座雕像 —— 南丁格爾雕像和她充滿神話的護理生涯。南丁格爾之所以能把畢生的精力都用在了護理的事業上，就是因為她的父母從小就教會她，愛別人、幫助別人。

▍智趣故事

　　南丁格爾出生於英國一個商人的家裡。她的父母為人慈善，常常施捨窮人。在南丁格爾很小的時候，她就經常和爸爸媽媽一起，把家裡大量的舊衣服、穿不了的衣服施捨給那些窮人。他們將衣服一件一件地送到那些窮人們的手中。每當小南丁格爾看到那些窮人們接過她手中的衣服，說著「謝謝，謝謝」的時候，她都會有一種滿足感，因為她帶給別人溫暖。

　　媽媽還說：「妳看，那些小朋友和妳一樣大，可是他們卻沒有妳這麼幸福。我們應該盡己所能去幫助他們，妳說對嗎？」每次小南丁格爾都會用力地點點頭，也想盡可能的多去幫助他們。

　　就這樣，小南丁格爾在父母的薰陶下，漸漸地萌生了要為窮人、病人服務的想法。一天，她對父母說：「爸爸媽媽，我想要到醫院去學習護理，以後當一名護理師。」爸爸聽後急切地問小南丁格爾：「妳為什麼會產生當護理師的想法呢？」因為在當時的社會背景下，護理工作還被認為是非常卑賤的職業。

南丁格爾平靜地回答道：「因為我想為社會、為那些需要幫助的人做些事情。你們不是常常教育我要關注別人，幫助別人嗎？我想透過做護理工作，為那些深受疾病困擾的人們提供幫助。」父母為女兒執著而高尚的精神所打動了，他們鼓勵她說：「如果妳認定了要走這條路，那麼，妳就要堅定地走下去，並盡力做到最好，要對得起妳自己。」

南丁格爾終於如願以償，她在日後的工作中也真正實踐了自己的諾言。

在克里米亞戰爭爆發後，南丁格爾冒著生命危險自願到前線去當護理師。在那裡，她夜以繼日地工作，還主動出錢，在醫院附近為傷患們建造了咖啡館、閱覽室，購買書籍、唱片等供傷患娛樂活動。很快地，南丁格爾就成了病人們的知心人。

經過努力，終於在 1860 年，南丁格爾用大眾捐助的基金創建了世界上第一所正式的護理學校 ——「南丁格爾護理學院」。

▎歷史評說

南丁格爾的一生沒有轟轟烈烈，沒有太多的榮譽，但她的故事卻如神話般地傳開了。後來，人們為了紀念她，還把她的生日 —— 5 月 12 日定為「國際護師節」。

南丁格爾有一對充滿愛心的父母，這種愛心不僅表現在對自己的家庭，還展現在關心他人、熱心公眾事物、真誠待人、幫助貧苦人民上面。他們善於用生活中平凡的舉動，啟發孩子去體會別人的感受，使南丁格爾從小就深受感染，並樹立了要為社會上需要幫助的人做貢獻的高尚情操。當大家閨秀的女兒，提出要從事備受歧視的護理業的時候，他們表現出可貴的理解和鼓勵，這對於南丁格爾來說是莫大的支持，使她受益終生。

許多人以為，想要獲得別人的尊重與信任，只要在某種技能上高人一籌便可以。事實上，這只是一個方面。生活中更需要的是能夠善待他人，體諒別人的痛苦，與人融洽相處的人；需要的是注重溝通，付出愛也得到愛的理性的人。這些才是一個人真正擁有人格魅力的最基本素養，也是一個人應該從小累積起來的。

但是不知不覺中，許多孩子卻不約而同地患上了一種「病」，其症狀是：任性、霸道、冷漠；對同學的困難漠不關心；對夥伴小氣得不得了，過於強調自我中心……家長們對此大多是束手無策。這樣的「病」一旦形成，長大後，肯定處理不好與同事及集體的關係，勢必難以適應生活。而要想「治療」此「病」需要花費很大的力氣，有的人甚至悲觀地認為也許根本就無法「治癒」。

對此，在巴黎的一次諾貝爾獎得主聚會上，一位老者給人很大的啟示。有人問他：您在哪所大學學到您認為最重要的東西？那位老人平靜地說：「是在幼稚園。」「在幼稚園學到什麼？」「學到把自己的東西分一半給同伴；不是自己的東西不要拿；吃飯要洗手；做錯事要表示歉意。」

這聽起來似乎有點不可思議，但卻告訴了我們一個最簡單、最樸實的道理，就是讓孩子懂得愛別人，懂得分享，懂得顧及別人的感受，還需要從小點滴地培養。

慧寶良方

不妨讓我們精心呵護幼小的心靈，幫助孩子養成良好的生活習慣、樹立遠大的志向、常存感激之情，這樣，孩子的「愛心缺乏症」就一定能治好。

✧ **養成良好的習慣**：父母在對子女進行教育的時候，應該在現實生活中，逐步使孩子養成好習慣，教育孩子待人以禮、接物有序、關心他人等良好品德，這是提高孩子個人素養最直接的方式。

✧ **創造分享的機會**：現實生活中小氣的孩子並不少見，如果一個什麼都不願與他人分享，獨占意識很強的人，很難做到心裡有他人。所以家長應該注意給孩子提供分享的機會。

✧ **教育孩子懂得愛並感受愛、給予愛**：愛孩子的同時，要讓孩子懂得愛是有付出才有回報的。父母要創造條件，讓孩子去關心他人，去愛一切美好的事物，如關心同情朋友的傷病，並對孩子的愛心和行動，及時予以肯定和表揚。

✧ **讓孩子心存感激之情**：有些孩子在接受別人照顧時，心裡根本沒有「感激」二字；有些孩子雖然在接受幫助時嘴裡說「謝謝」，心裡卻認為別人的幫助是應該的。這樣的孩子怎麼會有「愛心」呢？因此，我們要讓孩子懂得「感激」。父母把同情、尊重、關切、寬容、感激這些美好的因素一點一滴地累積起來，注入到孩子的心靈深處，就會迸發出「愛」來。

托爾斯泰：愛孩子，讓愛心創造奇蹟

　　愛是什麼呢？「愛是忍耐，愛是慈祥，愛是不嫉妒，愛是不自誇，不張狂，不做無禮的事，不求己益，不動怒，不圖謀惡事，不以不義為樂，只喜歡真理。凡事包容，凡事相信，凡事盼望，凡事忍耐，愛是永不止息的等待。」一代文學巨匠列夫‧托爾斯泰的成長經歷，證明了這樣一個事實：愛是可以創造奇蹟的！因為愛是兒童成長的最好糧食。

▍智趣故事

　　托爾斯泰出生於貴族之家，雖然母親和父親先後病亡，但是在表姑塔提雅娜（Tatyana Yergolskaya）的撫養和教育下，他享受到了充足的關愛。塔提雅娜經常親吻小托爾斯泰的臉頰，教他識字、唱歌，陪他玩耍；每天晚上都抱著托爾斯泰睡覺，給他講故事；寒冷的冬夜，姑姑陪他在客廳裡讀書；炎熱的夏天，姑姑陪他在涼亭下閒談。

　　托爾斯泰自幼對自己的外貌十分不滿，他認為自己的扁鼻子、厚嘴唇和兩個過大的耳朵實在太醜。有一次他將一些火藥塗到又黑又硬的眉毛上，用火點，結果火藥塗得太多，一下子燒傷了臉。塔提雅娜發現後，不但沒有罵他，也不許其他孩子嘲笑他，溫和地對他說：別人有別人的優點，你也有你的長處，比如你的眼睛就很有神。她還強調指出：一個人能不能贏得別人的愛，關鍵在於心靈，並鼓勵他多學知識，多動腦，做一個聰明可愛的好孩子。托爾斯泰認為姑姑講得很有道理，從此不再為自己的相貌苦惱，而在「聰明」二字上下工夫。

托爾斯泰長大成人，進一步接觸了農奴的悲慘情況，十分同情他們，非常想幫助農奴改變命運。他徵求姑姑的意見，姑姑當即表示贊同，並認為這是一件大善事。於是托爾斯泰為農奴新建了住宅，購置了農業機器，創辦了農民子弟學校。但是農奴們卻懷疑他居心不良，最終他的改革毫無成效。

經歷改革失敗後，托爾斯泰心情極為沉重，在莫斯科，還染上了賭博的惡習。塔提雅娜知道後，立即寫信警告他，並說自己看到他這個樣子非常傷心。托爾斯泰接受了姑姑的批評，從此再也沒有賭博過。

在以前孤獨無助的日子裡，姑姑給了他無限溫暖。當姑姑發現他具有超常的文學才華時，鼓勵他寫小說。此後，托爾斯泰寫起小說來，經過努力，他的《安娜‧卡列尼娜》、《復活》等作品將他推上了「一代文豪」的寶座。

▋歷史評說

托爾斯泰在自傳中這樣寫道：「姑姑對我的一生影響最大。從我的幼年時代，她就教給我關於愛、精神層面的快樂。她不是用語言教我這種快樂，而是用她整個的人，她讓我充滿了愛，讓我懂得了愛的快樂。」

我們可以看到，愛的力量貫穿著托爾斯泰成長的所有，那就是被愛、愛人、正確的愛。

雖然托爾斯泰從小失去了雙親，但他仍然在充滿愛的環境中長大。在姑姑的語言和行動中，無不表現出對托爾斯泰的愛。當她看到小托爾斯泰挑剔自己外表的時候，就鼓勵他發現自身更美的東西，重建孩子的自信；同時，自己的愛心，使得托爾斯泰也擁有一顆善良的，愛人的心，她鼓勵姪兒做善事，並在他情緒低落，甚至誤入歧途的時候給予無限的關懷和引導。

有句俗話：「寧可給孩子一顆好心，不給孩子一張好臉。」父母不懂得愛孩子，孩子就不會愛父母，更不會愛他人。就像汽車一樣，孩子的體內，也有一個「油箱」，而家長則是孩子感情的「加油站」，家長應該注意將自己的愛和知識，源源不斷地輸送到孩子的「感情油箱」，這會成為孩子奮發向上的無窮動力，從而有樂觀的態度、積極的精神和關愛他人的優秀品格。

可是在一次調查中，居然有 20.8% 的孩子存在孤獨感，36.1% 的未成年人有離家出走的想法，可見他們父母的「加油站」出了問題，才使得他們變得消極、自閉。我們可以想到，也許是父母過於關注自己的事情，忽視了孩子的內心需求，才沒有安排出必要的時間和孩子共同度過。

可是，有些人加的「油」少，有些人的又多加了。過度的關心使父母難以保持平常心態。長此以往，助長了孩子的依賴心理，使孩子缺乏自信，沒有主見。

▋慧寶良方

大部分的家長都能做到愛自己的孩子，但是如何控管愛的程度，就是一個值得重視的問題。

明明白白你的愛

愛不是偶爾關心，不是偶爾心血來潮。有這樣一個孩子，在大雪天裡站了兩個多小時，因為他知道，自己病了媽媽才會給他一個「好臉色」，才會愛他。一個生命正蓬勃發展的孩子用計獲取愛是可悲的。所以，奉勸家長，這個「好臉色」必須穩定且清楚地給下去。

愛存在於與孩子的溝通間

儘管你很忙，也要經常放下手中的事情，和孩子一起打鬧、遊戲、交談，這樣，孩子就會感受到你的愛和他在你心中的位置；這樣他可以做出許多讓你為他感到驕傲的事情。

讓孩子學會愛別人

愛孩子的同時，還要告訴他要關愛親人、朋友，否則長期下去，無私的你也會製造出自私的他來。一位家長曾經非常傷心地說，一次她病了，孩子放學回家不但不講一句關心的話，反而大喊：「你肚子不餓，就不管我的死活了嗎？要睡也要先給我做好飯菜再睡！」這位母親流下了傷心的眼淚。

還有許多的孩子，與同伴交往，只知道索取而不付出，不關心別人的感受、處境，這樣自私的結果，只能使他在社交中被孤立起來，所以家長還要教育孩子學會關心他人。

「當一個人過分溺愛孩子時，他的愛便是反常的」

有一種家長，把孩子視為寶貝，對子女百依百順，把主要的精力集中在子女的吃、穿、用上，養成了他們驕橫、任性、唯我獨尊的性格，這樣只能培養出「小皇上」或者「小公主」來，家長們應該清楚這對孩子是有百害而無一利的。

我倒覺得不妨溫柔加嚴厲：溫柔而富有愛心，清楚、理智地訂立孩子必須遵守的原則，使之真心地關心別人。這樣，他們的內心既充滿了安全感和被人愛的感覺，也將會懂得要為自己的行為負責。

諾貝爾：從小立長志，終生常受益

「凡人須先立志」，人無志，則無以立，可見立志對孩子是巨大的自我激勵，有非常大的教育意義。家喻戶曉的發明家諾貝爾，從小就立志從事炸藥研究，並為實現這一志向奮鬥終生，他的成功不得不讓人想起他的父親。

▌智趣故事

諾貝爾出生於瑞典一個工程師兼化學家的家庭。父親身為工程師，對化學實驗有濃厚的興趣，一有空就做炸藥實驗。他還常常給諾貝爾講科學家的故事，鼓勵兒子做一個有理想、有抱負的人。

一天，8歲的諾貝爾見父親正在做實驗，便問道：「爸爸，炸藥能傷人，是可怕的東西，你為什麼要製造它呢？」父親認真地說：「炸藥的用處很大，它可以用來開礦、修路，發展工業離不開它啊！」諾貝爾若有所思地點點頭，對父親說：「那我長大了也要像你一樣製造炸藥。」父親拍拍兒子鼓勵道：「製造炸藥需要很多知識，你要先讀好書才行。」從此，他經常在父親的實驗工廠裡，跟隨父親從事各種發明創造，學到了許多知識。

隨著年齡的增長，父親意識到：要讓孩子樹立獻身科學的堅定志向，就必須使他真切體驗到科學研究對社會的作用和意義，必須讓他接觸世界先進的科學技術。於是，他決定支持兒子出國學習。

在歷時4年的實習和考察期間，諾貝爾到大學研究所參觀各種實驗，

與科學家、教授及大學生交談，深入了解了各國工業發展的情況以及炸藥的廣闊應用前景。這一切使諾貝爾更堅定了小時候立下的從事應用化學研究和改進炸藥的志向。考察回來後，他便明確地向父親表達了這一願望，並開始潛心研究。

1863 年，經過反覆的研究，諾貝爾終於成功研製出硝化甘油炸藥。為了尋求更安全的引爆裝置，諾貝爾多次進行具有生命危險的試驗。儘管他十分謹慎，但在一次試驗中還是發生了大爆炸，5 個助手，包括諾貝爾的弟弟當場被炸死，這就是轟動一時的「海倫坡事件」。

父親目睹這一慘況，悲傷過度，導致半身不遂，可他仍不停地研究、思索。父親這種堅毅的發明創造熱情，深深地激勵著諾貝爾矢志不渝地研製和發明雷汞炸藥、安全炸藥等多種炸藥，為人類做出了重大的貢獻。

▍歷史評說

我們得以無數次地領略諾貝爾獎得主的風采，源於諾貝爾將自己的全部財產捐獻出來，獎勵對人類的和平與進步事業做出卓越貢獻者的諾貝爾獎。

即便是在今天，諾貝爾的父親仍可稱為家教的楷模。諾貝爾之所以能夠執著於自己的事業，與父親自幼就幫他確立奮鬥目標是分不開的。父親不僅鼓勵他從小立志，支持他到各國考察，學習先進的科學和技術，堅定他獻身科學的志向，還以自己的行為影響他，即使在自己臥床不起的情況下，仍然堅持對炸藥的研究，對諾貝爾產生了深遠影響。

教育孩子從小立志，立長志，對今後的學習和生活都受益無窮。清代在傳統家教中獨樹一幟的曾國藩，就反覆告誡子弟：做人首先是立志，一個人有了志氣才能有新作為，才能戒驕、戒奢。因此，對於那些「家有子

女初長成」的家長來說，應當對自己孩子的自身情況加以分析，並引導孩子樹立起自己的理想和志向。

立志有方向和程度的區別：愛國愛民是一種大志；長大做工程師、醫生、教師是職業方向和文化素養的志向；決心每天做一件有助於人們的事也是一種立志。重要的是有一個長久穩定的目標。

一次心理學家對某所學校的學生做了有關「長大後，你想做什麼」的問卷調查，在所設計的幾十種答案中，70%的學生在電影明星、科學家、學者、市長、縣長的選項上游移不定，索性來了個「多選題」。孩子對很多事情都會感興趣，他們今天立志當一名飛行員，明天可能就又想當藝術家……可見他們心中所立下的志向是朝令夕改，「時時更新」。

如果這種志向、抱負是在不斷校正中趨向於更切合自身實際、更有益於社會，那倒也無可厚非；倘若屬於見異思遷、知難而退，就值得引起我們家長的重視了。因為這種心情浮躁、用心不專的習慣一旦養成，對於今天的課業和今後的工作都將後患無窮。

慧寶良方

那麼，怎樣做才能有效地協助孩子從小建立一個長久穩定的目標？這對家長和孩子來說，都需要更深一層的思考。

孩子的志向不能「包辦」

很多家長特別喜歡越俎代庖，替孩子做一些本該是他自己做的事，甚至對孩子未來要做什麼，也一手「包辦」。但對孩子而言，這個志向只是家長的「一廂情願」，不會對孩子的行為有督促的效果。

抓住時機，引導立志

著名橋梁專家茅以升獻身於橋梁事業，與他從小受到的教育是分不開的。南京秦淮河上有一座文德橋，有一年被遊客擠塌，許多人掉到橋下淹死了。事後，家人帶茅以升觀看倒塌的文德橋，茅以升小小的心靈受到很大的震撼，從此立志要造堅固耐用的大橋。父親聽後連連稱讚他有志氣，還帶他去看其他的橋，為他搜集各種橋的照片。茅以升的例子說明，家長要注重時機，引導孩子立志，並將其發展為終生的志向。

家長應該關注生活中能夠給孩子帶來觸動的機會，以激勵孩子自主地立下志向。有些家長帶著孩子看幾十年一次的「獅子座流星雨」，便是一個激發孩子熱愛天文事業的好辦法。

「常立志」不如「立長志」

常立志容易，立長志難！孩子們有宏大的志願，缺乏實現志向的決心、恆心，這是實現志向的最大敵人。因此，在立志教育中要注意培養孩子自立自強、勤奮好學的素養，「板凳要坐十年冷」的決心和「咬定青山不放鬆」的毅力。

學會輕鬆實現目標

在生活中幫助孩子樹立目標並實現它，對於孩子建立持久的志向，攻克難關非常有幫助。日本著名馬拉松運動員山田本一的方法，家長不妨借鑑一下：山田本一每次比賽前都把沿途比較醒目的目標畫下來，比如，第一個是銀行，第二個是棵大樹……一直畫到賽程終點。比賽開始後，他先奮力衝向第一個目標，再衝向第二個，40 多公里的賽程被他分解成這樣幾個小目標，輕鬆地就跑完了。

這樣把一個目標分解成一個個小目標，讓孩子逐步達成，有利於孩子朝著自己的志向努力，不至於「壯志未酬」已經疲憊不堪。

拜爾：因機施教，事半而功倍

機會教育就是憑藉特殊的時機、直觀的事實適時實施教育的一種方法。為人父母，糾正孩子的某些缺點和不當的行為，進行批評教育和誘導是很正常的，而掌握教育的時機和方法，更有利於培養孩子良好的習慣。德國著名的諾貝爾獎得主阿道夫·馮·拜爾（Adolfvon Baeyer），其父母即因善於機會教育，而使拜爾終生受益。

智趣故事

拜爾的父親原先是位陸軍中將，雖然教育程度不高，但很愛好自然科學，所以 50 歲退役後仍然拜師學習。拜爾的母親則是一位賢妻良母。

一天，拜爾又纏著正在讀書的父親陪自己玩，母親把他拉到一邊說：「爸爸媽媽現在盡心盡力，讓我們的家庭生活豐富多彩一些。你長大了，可要讓我們的世界更加多姿多彩一些啊！」聰明的拜爾眼睛一亮，說：「我也要像爸爸那樣，好好讀書。」

10 歲生日的前一個晚上，拜爾就高興地盤算著：明天爸爸媽媽一定會帶自己採購禮物，然後熱熱鬧鬧地慶祝一番。誰知天一亮，父親照例早餐後就伏案攻讀，母親則領著他到外婆家消磨了一整天，直到黃昏才返回。小拜爾有點不高興了，回來的路上撅著嘴巴問：「媽媽，為什麼爸爸不和我們玩，其他小朋友過生日可不是這樣。」母親開導拜爾說：「現在他跟你一樣，正在努力讀書，明天還要參加考試呢，我不願意因為你的生日耽誤了他的功課。」小拜爾懂事地點點頭，從此他學習更加用功了。

拜爾就讀著名的柏林大學時，該校年輕有為的凱庫勒（August Kekulé）教授成了德國有機化學的權威人士。一次，父子倆談到凱庫勒的時候，拜爾對父親說：「凱庫勒只比我大 6 歲……」父親聽到拜爾語氣中有輕視的味道，沒等拜爾說完，就生氣地質問：「只大 6 歲又怎麼樣？難道就不值得你學習了嗎？我讀地質學時，老師年齡比我小 30 多歲的都有，難道我就不學習了？」父親一連串的質問，使拜爾面紅耳赤，深感慚愧。

從此，他牢記父母的一言一行，秉承父親好學的精神，幾十年如一日，終於做出了卓越的貢獻。

▌歷史評說

孩子過生日了，父母怎麼辦？是擺上豐盛的酒席還是送一件精美的禮物呢？拜爾的母親沒有這樣做。而是以父親 50 歲退役還堅持讀書，兒子過生日的時候也不放鬆的事實，教誨兒子要有理想有志向，珍惜時間，努力讀書。這樣及時地抓住教育的時機，以榜樣的力量激勵拜爾要努力、奮鬥，可以說，生動的教育效果勝過了枯燥的說教。

拜爾的父親是一位「嚴父」，但他嚴中有愛，嚴中有理，嚴到「點」上；並以自己的「不恥下學」來教育兒子，使拜爾懂得人要謙虛不自滿。所以當校長問拜爾以後的去向，拜爾馬上想起了父親那深沉的聲音，於是從人群中請出了年輕有為的凱庫勒教授，對校長說：「我要追隨他！」

拜爾的父母雖然表達的方式不一樣，但告訴了我們要機會教育的道理：父母對子女進行教育，要善於選擇典型範例，善於捕捉恰當的時機，只有這樣才會收到事半功倍的效果。根據一個具體的事情，來闡明道理，容易讓孩子記得更加牢固，理解更深刻。我們常常說「觀後感」、「讀後

感」，教育也是如此，有生動的「事」才能有「感」，所以要善於尋找生活中的實例來教育孩子，才能讓孩子牢記在心，並按照父母的教導去達到目的。

現在有許多父母在進行家庭教育時，經常苦惱這樣的問題：告誡了孩子許多次，說的時候孩子點頭知道，轉過身就忘了，愈來愈不聽話；教育多次之後，發現他的表現還是與自己的期望相反……這令許多家長都百思不得其解，是什麼原因，讓我們的孩子像吃了「健忘草」，又像是砧板上的「滾刀肉」呢？

一位國三學生的母親，見孩子平時讀書不認真，非常著急。為了提醒孩子，她一大早就說：「你不看是什麼時候了，還不起來！」晚上孩子一回到家中，就問「作業做完了嗎？」看到孩子在屋裡來回走動，就說：「你不看是什麼時候了，怎麼一點也不著急！」這位母親的心情可以理解，但效果卻是讓孩子感到厭煩，產生牴觸情緒。

▎慧寶良方

同樣是教育孩子珍惜時間，拜爾父母的辦法看來奏效得多。因此，家長應該注意要因時、因事、機會施教，有的放矢地進行教導，使之「動其情，明其理」。

既然是「機會教育」，那麼首先要有一個特殊的「機緣」，這個機緣可以是隨機的，也可以是父母特意製造的。但它應該具有特殊的教育意義，能夠發人深省，使人引以為戒；再對事情靈活地展開分析，引起孩子的思考。而且已經有許多家長意識到了 —— 教育，不是只靠嘮叨就能讓孩子記憶猶新的。

有這樣一位母親，當她發現孩子將蛋黃和飯倒進垃圾桶裡時，她沒有

斥責、打罵孩子，一個星期天，她帶上孩子去郊外採野菜。晚上母親做了野菜湯，對孩子說：「孩子，開飯了。」孩子喝了一口說：「這是什麼？這麼難喝。」母親這才耐心地給孩子講起了過去生活的艱辛，講起衣食得來得不易，講起了浪費的錯誤。那個孩子想想自己丟棄的米飯，不好意思地低下了頭。從此以後，他非常注意生活上的節儉。

✧ **例子可以是正面的，也可以是反面的**：尋找合適的「例子」，可正可反，但一定要讓孩子明白其中道理，否則反而會引起孩子思想上的偏差。現在電視上經常報導一些社會陰暗面，這在一定意義上有警示的作用，家長可以剖析那些案例的實質，找出根本原因，使孩子的心靈受到觸動，知道哪些是應該做的，哪些是不應該做的。如果看完便作罷，年少的孩子或許會對其揭示的內容產生誤解。

✧ **「機不可失，時不再來」**：家長還應注意找準時機，一旦機會來了，就要及時地教育。比如孩子考試得了好成績的時候，教育孩子不要驕傲自滿，要繼續努力；孩子和朋友爭吵了，要教育孩子和氣忍讓，團結友愛。這樣抓準時機地教育孩子，總比「時過境遷」以後再毫無針對性地進行空洞的說教效果更好。

馬克・吐溫：使孩子成為高尚的人

　　富有同情心的人常常是正直善良、充滿愛心的，這樣的人，當然也能獲得別人的喜歡和擁戴。享譽世界的著名作家馬克・吐溫才華洋溢，在其作品的幽默詼諧中蘊涵了對貧苦人民的無限同情與關懷。為此，美國人稱他為「我們文學上的林肯」。而這樣博愛的胸懷，來自他勇敢善良的母親。

▌智趣故事

　　美國作家馬克・吐溫出生在美國的一個小村莊，父親去世很早，全家的生活重擔落在母親珍・克萊門斯（Jane Clemens）一個人的肩上。

　　珍・克萊門斯雖然是個瘦小的女人，但她勇敢正義、意志剛強，且心地慈善，使馬克・吐溫深受教育。一次，珍・克萊門斯帶著馬克・吐溫上街買東西，正巧遇到一位趕車的粗漢揮動著鞭子鞭打馬的頭，打得那匹馬無所適從。她愈看愈生氣，猛地竄過去奪下了那人的鞭子，還斥責他虐待馬匹。那人一開始嚇了一跳，隨後又感到哭笑不得，但還是向她認了錯，並表示要「改過自新」。她這才歸還了鞭子，心平氣和地繼續趕路。

　　凡此種種，全被馬克・吐溫看在眼裡，記在心中。他常常為母親的勇敢而驕傲，並決心學習母親那大無畏的精神，將來做個見義勇為的男子漢。

　　有一個時期，他們家從漢尼拔僱了一個小黑奴，名字叫桑迪。桑迪的老家在馬里蘭東海岸，後來經過多次轉賣，賣到了半個美洲大陸以外的地方。

　　桑迪生性活潑，天真爛漫，一天天笑啊，叫啊，顯得瘋瘋癲癲。馬克‧吐溫被他吵得受不了，便跑到母親面前告狀，還提議把他關起來。母親聽完，先流了眼淚，接著顫抖著嘴唇說：「可憐的孩子！他唱，說明他不是在想家，我也就寬一點心；如果他默不作聲，就可能是在想他的親人了。他再也見不到他的媽媽。他要是有心情唱歌，我們還真該謝天謝地呢！」她抹了一下眼淚，又對兒子說：「你再大一些，就會懂得我的意思了。那時候，你若聽到這孤苦伶仃的孩子的吵鬧聲，你也會高興的！你應該多和他接觸才是。」

　　這樸實無華的話語，深深地打動了兒子的心。從此，馬克‧吐溫對桑迪的吵鬧再也沒有煩惱過。相反，他愈來愈同情黑人，後來還為改變黑人的地位而吶喊，並寫了不少反對種族歧視的作品，如《一個真實的故事》、《傻瓜威爾遜》等。在這些作品中，他對黑人表示了深切的同情。

▍歷史評說

　　許多年以來，馬克‧吐溫一直被人們稱為「美國文學上的林肯」和「美國民族遺產的真正鼻祖」，他的個人魅力與他的文學作品一樣遠播海內外。無疑，他那些正義、善良，富有同情心的品格與他母親珍‧克萊門斯的言傳身教是密不可分的。

　　馬克‧吐溫的母親熱情寬厚，善良慈愛，充滿了正義感，更有豐富的同情心，這方面非常值得現代家教學習借鑑。一方面她見到別人「虐待」馬匹時，勇敢地奪下鞭子進行制止，給了馬克‧吐溫不小的震撼；另一方面，當年幼的兒子對整天吵鬧不停的小黑奴桑迪提出「抗議」，並要將其逐出家門時，母親開導兒子，站在桑迪的立場設想。母親高尚的品德使他深受感染，也成為一個心地善良、富於感情的人，並用自己的智慧為社會

做出了巨大的貢獻。

作為父母，也許你不能給孩子富裕，不能給他英俊和美麗，但是你可以塑造他高尚的品格，使孩子的人格趨於完整。善良，富有同情心是一種良好的道德，擁有這樣的高尚情操才能夠站在他人的角度思考問題，體諒他人的感受，給予別人寬容和幫助，同時也會換來別人的尊重與幫助。

另外，教育孩子同情他人所得到的回報是無限的。同情他人的孩子一般都不會霸道，更能從事對社會有益的事情，樹立起對人、對社會的責任感，從而建立良好的社交關係、人際關係。這樣的孩子更能得到同伴和大人的喜愛，在學校和日後的工作中獲得成功的機會也會更多。

如果孩子單純追求知識豐富，沒有同情心、責任感，就不會考慮別人的感受，很可能因為受到一些物質的、輕浮的事物所吸引，給親人或周圍的人造成不愉快甚至痛苦。

一位教育家曾寫道：「有的父母因為擔心孩子們會對他們不理不睬，因而不禁止孩子晚上外出的時間，還有些父母因為怕被孩子罵成『白痴』、『笨蛋』，就不敢對孩子要求什麼。」這是多麼大的悲哀啊！

▌慧寶良方

其實，如果每個父母都從小事做起，把同情心、愛心植入孩子心田深處，這就意味著給了孩子成功的人生。

發揮榜樣的力量

孩子同情心的發展需要父母的言傳身教。如果父母是一個富有同情心的人，那麼在無形中，孩子也會受到感染，成為一個富有同情心的孩子。

在生活中我們會發現，孩子會經常採用父母安慰他的方式來安慰別

人。父母要做出良好的榜樣，還包括對其他孩子也要很敏感、很關心。如果孩子有出現不關心人、邪惡甚至殘忍無情等「非天性」的行為，多數情況下可以在他的家庭中找到原因。

教育孩子考慮別人的感受

為了令你的孩子具有一顆同情心，你應該讓他遇到事情的時候，多考慮一些別人的感受，和孩子認真討論一下，如果他處於與別人同樣的情況，會是怎樣的感受。

美國一個教授曾經介紹過他們的教學方法。他們讓學生自願參加社區服務，比如給無家可歸者發放救濟餐。孩子做了這些事情之後回來討論感想，有個孩子說：「我以前看不起他們，他們是失業者，是骯髒的。但和他們接觸之後，發現他們和我們一樣，每天早上也希望洗個熱水澡，吃一頓飽飯。他們只是因為生活的不幸和社會的不公正才變成現在這種樣子。」

教會孩子隨時隨地做好事

教他如何「隨時隨地做好事」，是培養孩子同情心的最簡單也最有效的方法。一度，《善意之書》（*The Little Book of Kindness*）一書，在美國掀起了全國性的做好事運動。書中講述了做好事何等深遠地影響他人的生活，比如為別人讓座，探望生病的朋友等等。當善良成為一種習慣的時候，你會欣喜地發現孩子們因為這些而變得更快樂，更樂於做有利於他人的事情，也更富於同情心。

李普曼：讓家庭成為養成好習慣的基地

「播種行為，收穫習慣；播種習慣，收穫性格；播種性格，收穫命運」。毋庸置疑，良好的生活習慣、行為習慣，以及學習習慣，將影響人的一生。加布里埃爾‧李普曼（Gabriel Lippmann）是法國著名的科學家，諾貝爾獎得主。他的成功得益於從小時候起，父母注重培養良好的習慣和作風。

智趣故事

李普曼出生在盧森堡，3 歲的時候，父母感受到他們生活的環境中，整天接觸的都是達官貴人、小姐闊少花天酒地的生活，必然對孩子的成長產生不良的影響。為了使兒子養成良好的生活作風和生活習慣，他們帶著兒子回到了自己的母國 —— 法國，並在巴黎的拉丁區住下，因為那裡是當時文化氛圍最濃的地區。

李普曼的父母知書達禮，又當過教師，知道如何教育子女。他們對李普曼非常寵愛，可從不放寬對兒子的嚴格教育。家裡生活雖然富裕，卻不允許兒子胡亂用錢。他們經常教育兒子：「把自己的東西分一半給同伴，不是自己的東西不要拿。」在日常生活中，也反覆告誡兒子：「東西要放整齊，用過的東西要及時地放回原處，而且要放好。」每次吃飯的時候，總是要求兒子：「吃飯之前要洗手，要注意衛生。」

一次，母親發現兒子做功課的時候三心二意，「坐不住凳子」，一問才知道，有同伴找他出去玩，母親把他拉過來說：「我知道你想出去玩，

但是你的作業沒有完成。如果你盡快地把自己的事情完成，我是不會阻攔你的！」小李普曼點點頭，開始認真地做起作業來。

為了使李普曼成為有用的人才，他們對巴黎的中學做了認真的研究和調查，決定送兒子到亨利四世中學讀書。這所學校有著一套行之有效的管理制度，對其學生管理嚴格，教育有方，學生也都刻苦學習，個個奮發向上。李普曼進入這所學校後，受到了良好的薰陶，為他後來深造打下了牢固的基礎。

正是因為父母的精心教育，李普曼良好的習慣在這樣一所嚴肅的學校得以鞏固和提升，使得他在人生性格養成最重要的階段，樹立了謙虛好學，埋頭苦幹，奮發向上的精神，最終成為德才兼備的科學巨匠，在光學、熱學等方面都取得了豐碩的成果。

▍歷史評說

李普曼是幸福的，也是幸運的。他生活在一個美滿的家庭，父母有豐富的教育經驗，對李普曼既要求嚴格又不失民主。為了給兒子創造一個良好的成才環境，他們放棄了自己的事業；平時從吃飯穿衣這樣的點滴小事入手，培養李普曼養成良好的生活和讀書習慣；同時，在兒子成才最關鍵的時期，又能夠狠下心來，把他送到一所紀律嚴明、教學嚴謹規範的學校學習，以期鞏固、強化孩子的良好習慣。「好的開始是成功的一半」，這些好習慣讓李普曼受益終生。

事實上，教育的過程就是讓孩子養成良好習慣的過程。愛讀書的習慣、勤於思考的習慣、嚴於律己的習慣、舉止言談禮貌謙遜的習慣……這些好的習慣對孩子的健康成長是極為有益的。一旦養成了良好的生活習慣，在生活上和與人交往的時候，不需要刻意提醒，這些好習慣就自然流

露出來了。同時好的讀書習慣也會自覺地培養起來。

著名教育家葉聖陶說過：「中小學的目的就是培養學習的習慣。」因為人的一生中，無論工作還是生活都離不開學習，只有熱愛學習、善於學習的人，才能在事業上不斷獲得成功。由此可見，養成一個好的讀書習慣非常必要。學習習慣有好壞之分，孩子自覺地學習，預習、複習，專注認真，善於思考提出問題都是好的習慣。相信許多父母都在為培養孩子好習慣而絞盡腦汁。

當然，也有的家長對此卻很疏忽，總認為孩子還小，「樹大自然直」，對孩子做事少聞少問，正確的行為缺乏鼓勵強化，錯誤的行為沒有堅決制止。這種想法是不可取的，一棵彎彎曲曲又有分枝的小樹，長大還能直嗎？久而久之，這些問題必然變得愈來愈明顯，養成許多壞習慣。

慧寶良方

蘇聯教育家馬卡連柯（Anton Makarenko）說：「正確、合理和合乎標準的兒童教育，比做再教育工作容易得多。」因此，父母應密切關注孩子的習慣，給予鼓勵、引導或制止、糾正。

家長要處處以身作則

僅僅掏錢把孩子送進學校，是遠遠不夠的。「讓孩子養成良好習慣最為有效的途徑，就是給你的孩子做出好的榜樣，讓孩子向你看齊，只要你能夠在行為舉止上給孩子做個好榜樣，他們遲早會效仿你。」

這一點非常重要，比如，你要求孩子每天隨時擺放好物品，你首先要有個有條不紊的習慣；要促進孩子養成良好的讀書習慣，自己當然要率先勤奮學習。因為你的一舉一動，都在潛移默化地影響孩子。

培養良好的生活習慣、行為習慣

✧ 建立生活規律。孩子的自制力比較差，因此，需要家長制定規則，由小事著眼，提出要求，及時督促孩子的行為。

✧ 自己的事情自己做。動手做不僅能使幼兒增長知識、增強責任心，還可以培養幼兒做事有條不紊、有始有終等良好品德。

✧ 培養孩子良好的生活、行為習慣不是輕而易舉的事，要做好「長期作戰」的心理準備。

培養良好的學習習慣

✧ **改變孩子的「心猿意馬」**：注意培養孩子專心致志的，注意力集中的習慣，家長要經常提醒孩子上課聚精會神，不受外界干擾，並在家裡營造一個合適的學習環境。

✧ **鍛鍊認真細緻，獨立思考的能力**：督促孩子養成自己檢查的習慣，鼓勵孩子多問多想，透過自己的努力解決學習上的問題。

✧ **養成讀書看報、預習、複習、做筆記等習慣**：家長應該盡量地為孩子創造一個閱讀環境，培養孩子的閱讀興趣，還可以指導孩子做筆記。透過培養孩子的預習、複習等能力，提高孩子的自學能力，並做到「溫故而知新」。

愛迪生：從笨蛋到發現，從信任到成功

世界上沒有兩個完全相同的孩子，就像沒有兩片完全相同的葉子一樣。每個孩子都是獨一無二的，觀察孩子的優點和需求，從小培養，才能讓孩子充分發揮他的潛力。愛迪生的母親正是發現並相信兒子的「獨一無二」，引導他走向了成功。

▌智趣故事

愛迪生從小就是一個好奇心極強的孩子，為此他也招致了不少的嘲笑。一天，愛迪生的父親發現他蹲在雞窩裡，生氣地把他叫出來問「這是幹什麼呢？」他神祕地指指屁股下的雞蛋說「我在孵小雞呢」，父親又好氣又好笑地問：「你是母雞嗎？」他不服氣地爭辯著：「為什麼母雞能孵出小雞，我就不能？」

7歲那年，愛迪生上了小學。一下課，調皮的孩子們就圍過去，響亮地叫他「小笨蛋」、「傻瓜」。

有一次，在數學課上，愛迪生突然舉手問：「老師，2加2為什麼等於4？」老師覺得愛迪生又笨又調皮，他反問：「不等於4難道等於5嗎？」愛迪生忍不住又問：「老師，2加2為什麼不可以等於5呢？」老師大怒，他厲聲訓斥道：「愛迪生，你故意搗亂，給我出去！」愛迪生委屈地奔出了教室。

回家後，他把事情告訴了母親南西（Nancy Matthews Elliott），「我只是想知道加法的道理，可是老師罵我。」南西聽了兒子的敘述很生氣，她

認為那位老師根本就不懂學生的心理。於是她來到學校，沒想到那個老師說：「從沒見過這麼笨的學生，糊塗蟲。」校長也跟著說：「他是低能兒。」並要開除他。南西非常氣憤，她大聲地說「我的兒子湯瑪斯・艾爾發・愛迪生是個有頭腦的孩子，要比那位老師更有頭腦。」南西決心把孩子領回家自己教育。

南西給愛迪生講文學、歷史，當同齡的孩子還在讀童話的時候，愛迪生已開始閱讀《英國史》、《大英百科全書》等權威著作。在母親的精心培育下，愛迪生的求知慾愈來愈強，尤其喜歡物理化學，於是南西買了著名的《派克科學讀本》做主要教材。最後南西還說服愛迪生的父親，把自家的小閣樓騰出來給他做實驗。

長大後的愛迪生回憶起被學校勸退的一幕，不無感激地說：「母親對我的影響讓我終身受益，她富於同情心，絕不會誤解我，看錯我。」

▌歷史評說

愛迪生是幸運的，因為母親給了他足夠的信任，使他的信心和好奇心得到了保護。

南西沒有聽信老師的一面之詞，並不意味著她無原則地溺愛孩子。只是南西認為孩子的求知慾應當保護，及早地「對症下藥」、因材施教才是教育孩子的良策。她透過自己的細心觀察，發現兒子在物理方面有極大的興趣和專長，於是耐心且細心地引導，並極力滿足孩子學習和實驗的需要，使得愛迪生這棵科學的幼苗得以茁壯成長。

一句話或許並不能夠成就什麼，可是對於一個人的成長歷程來說卻是無比重要。難以想像，如果南西不了解自己的兒子，輕信那個老師的話，將兒子痛罵一頓後送回學校，說不定人類歷史上會少了一位大發明家。

有的人擅長邏輯思維；有的人擅長形象思維；有的人雖然記憶力差，但精於思考；有的人智力平平，但意志頑強。看不清自己孩子的優勢劣勢，就對他們失去信心，這是許多父母容易犯下的大錯，會傷害了孩子的自尊心和自信心。事實上，任何一個正常的孩子，總有這樣那樣的優勢。有一首歌唱得好，「借我借我一雙慧眼吧」，稱職的父母倒不如「借來」一雙慧眼，把孩子最重要的「亮點」看個清清楚楚明明白白。

可是很多人就不那麼幸運了。在學校裡考試不及格；總是闖禍；老師同學都稱其笨，是個調皮搗亂的孩子；認為「還有什麼藥可救？」轉過頭來想投入父母的懷裡找點安慰，迎來的卻是父母一臉的失望和恨其不爭的樣子。父愛母愛驟然降溫，「這麼笨長大以後做什麼？」可是家長在訓斥孩子的同時，是否意識到自己的孩子或許在另一方面超出了同齡的孩子呢？

▌慧寶良方

人的智力是由許多因素組合而成的，而興趣、意志更是多采多姿，難分高下。作為父母，必須努力了解孩子的特點，發現其優勢與弱點，多給出一份信任，即便他的功課與 100 分無緣，也未必是「朽木不可雕」。

❖ **端正家庭教育的態度和方法**：家庭是孩子的第一所學校，子女的健康成長基本上取決於家庭教育。父母應採用民主的方式，對孩子的優勢給予保護和鼓勵，並且也要體諒孩子的劣勢，而不是一有缺陷，就嚴屬地批評。

❖ **做個細心的家長**：「知子莫若父」，然而許多家長並不知道孩子的興趣，更不了解孩子的長處。作為父母應多與孩子接觸、一起活動，從日常生活中的細節，發現孩子的特點與稟賦，對於優異和好的方面，

給予積極的支持，引導孩子加強這方面的訓練與鍛鍊，做個細心精心的家長。

✧ **信任是最大的鼓勵**：現實生活中，許多科學家在幼年的時候，都有著「吊車尾」的經歷。愛因斯坦六歲了還不能完整表達自己的意思；中國一位著名數學家考試還曾經拿過零分。但是他們的家長並沒有喪失信心，放任自流，而是發掘他們的長處，給足信任和鼓勵，踏踏實實引導他們學習前進。這給了我們的父母很好的啟示，另一方面，要切忌粗暴干涉，簡單否定，更不能用「不務正業」、「沒出息」之類的話進行挖苦、諷刺。

當然，父母也要努力提高自身知識水準，跟上時代的脈絡，接受新鮮事物，了解孩子的心理特點，掌握有效的教育方法，這樣孩子才能到達瑰麗的頂端。

巴夫洛夫：非智力因素，助孩子一臂之力

　　非智力因素，顧名思義，指與智力沒有直接關係的意志、興趣、性格、抱負、心理素養等等，但它卻直接影響著一個人的一生。這也是為什麼許多人智力平常，卻能夠獲得成功的關鍵。俄國生理學家巴夫洛夫（Ivan Pavlov），畢生從事生理學的研究，並榮獲諾貝爾生理學獎和醫學獎，他的成功便是智力因素和非智力因素的完美結合。

▌智趣故事

　　巴夫洛夫出生在一個貧窮的家庭，即便如此，他的父母對子女的文化教育也毫不放棄。

　　他們有一個共同的觀點：再窮也要讓孩子讀書。於是巴夫洛夫一到上學年齡，父母就將他送進了當地的教會學校。

　　巴夫洛夫的父親有一個嗜好，就是十分喜歡讀書。他非常注重培養兒子愛讀書、觀察事物和動腦筋的習慣。巴夫洛夫常常一連好幾個小時蹲在螞蟻洞穴旁邊仔細觀察，他見到螞蟻能搬動比自己身體大好幾倍的土塊或昆蟲的屍體，非常驚奇，「螞蟻為什麼會有這麼大的力氣呢？為什麼牠們一天忙到晚也不覺得累呢？」雖然小小年紀的他還找不到答案，但已在心中滋生了一種探索自然奧祕的願望和興趣。

　　父親還十分重視對孩子的勞務教育。巴夫洛夫常常白天到果園工作，晚上幫助母親洗碗。在勞務中，父親總是表現得很有耐性和毅力。年幼的巴夫洛夫跟著父親做事，很快就手麻腰痠了，但看到父親執著的神情，也

堅持著做完才休息。勞務教育使巴夫洛夫從小做事就有毅力和耐性。這種耐性也是巴夫洛夫日後成功的重要因素之一。

除此之外，巴夫洛夫的父親對孩子的體育活動也很重視。在他家的菜園裡，父親為孩子們設立了雙槓、鞦韆、跳高架等。由於父親的關心和鼓勵，巴夫洛夫從童年起就愛好各種體育運動，因此他從小精力過人、熱情、開朗，又充滿自信。

15 歲那年，巴夫洛夫在父親的書架上看到了一本名為《日常生活的生理學》（*The Physiology of the Common Life*）的書，書中的內容激起了他對生理學的極大興趣。於是，巴夫洛夫向父親表達自己這一志向，雖然父親本來的願望是要兒子當一名傳教士，但他還是尊重了兒子的興趣和選擇。

從此，巴夫洛夫潛心於生理實驗研究，先後在血液循環、消化系統等領域獲得重大發現。最終成為世界上最偉大的生理學家之一，實現了他造福人類的崇高理想。

歷史評說

晚年的巴夫洛夫在總結自己走過的道路時，常常帶著感激的心情回憶起父母對他的栽培和教育。直到今天，巴夫洛夫的父母對兒子非智力因素的培養，仍然值得當代父母們借鑑。

巴夫洛夫的父母從小培養孩子熱愛讀書的習慣和仔細觀察的能力，使巴夫洛夫從童年起就樹立了崇高的志趣；同時，他們注重對孩子的勞務和體育教育，在這個過程中，養成了巴夫洛夫做事持久的毅力、耐性和定力。這種從小養成穩定的興趣、愛好、性格等，為巴夫洛夫的成功奠定了扎實的基礎。

時至今日，已經有愈來愈多人意識到非智力因素對於一個人的成才有

著不可忽視的作用。在一次美國學者推舉的 150 名最成功者和最不成功者的調查中發現，兩者主要差別在四個方面：取得最後成功的堅持力；不斷累積成果的能力；自信心和克服自卑感的能力；適應能力。而這四個方面的差別，主要表現在非智力因素上。

進化論的作者達爾文小學時智商並不出眾；他也把自己的成功歸結為良好的非智力因素：「我的成功，最重要的是：熱愛科學、在思索任何問題上的無限耐心、在觀察和發掘事實上的勤勉、一定的發明能力和常識。」

而一個智商較高的人，如果他的非智力因素沒有得到很好的發展，往往也不會有太多的成就。據說，楚霸王項羽年少時對待學習不專一，讀書識字沒多久就沒興趣了，想去學劍術；練劍時間不長又覺得煩了，又欲學兵法。結果，項羽少年時代養成的這種壞毛病，給他日後的「霸王事」留下了隱患。

慧寶良方

相信看到這裡，家長們的心中都清楚了這樣的關係：成才＝智力因素＋非智力因素。那麼，應該如何幫助孩子形成良好的非智力因素呢？

興趣是兒童成才的動力

興趣對於任何一個人的學習活動都非常重要。哲學家盧梭告誡父母：「只有兒童本人有興趣和願意獲得的那些知識，才會鞏固而長久地保持在他的記憶中。」因此，最有效的辦法就是利用孩子對某種事物的好奇心，來引導他們對知識的渴求。

家庭是陶冶孩子的基地

✧ **營造知識氛圍**：促進孩子的求知欲望和創新動機。

✧ **營造和諧氛圍**：家庭各成員互相關心，和睦相處，可使孩子在融洽、輕鬆的環境中，學會關心別人，樂觀，熱情，學習效率高，心理健康愉快。

✧ **營造民主氛圍**：調查顯示，在民主氣氛中成長的孩子，更容易建立自信、自尊、自愛的人格。因此，父母應在孩子的行為中不斷尋找值得贊許的地方，幫助孩子成為有個性的人。

意志力是成才的基石

俗話說：寶劍鋒從磨礪出，梅花香自苦寒來。意志對人來講，和天資聰明是同等重要的。因此，要告訴孩子樹立正確的學習目標和不斷進取的精神。在實際生活中要隨時隨地注重磨練孩子的意志，鼓勵孩子克服困難，實現目標。

打造優秀的性格特質

良好的性格對社會有積極意義，使人上進，奮發圖強。有句話叫做「江山易改，本性難移」，也就是說，性格一旦形成就不易改變。善於掌握機會的家長，會在孩子的幼年時期，鼓勵他積極參加集體活動，參與勞務和體育運動等等。許多良好的性格特質，如誠實、樂觀、自信、勇敢，善於獨立思考，善於觀察，具有獨立性等，都能夠得到培養。要知道良好性格的形成，並非是孩子個人的事情。

瑪里‧居禮：三育並舉，讓孩子全面發展

　　要想孩子成為品德、才能和健康三位一體的理想的人，必須要對他進行德智體的全面教育。世界最傑出的女性之一的瑪里‧居禮，她的父母正是重視了這三方面的教育，才造就了居禮夫人這位傑出的女性。

　　偉大的科學家愛因斯坦在悼念瑪里‧居禮的時候，更是這樣評價說：「她是唯一沒有被榮譽吞蝕的人……這些功績之所以能取得，不光要有大膽的直覺，還要有在難以想像的、極端困難的條件下工作的熱忱與經驗，瑪里‧居禮克服的困難，在實驗科學的歷史上實屬罕見。」

▌智趣故事

　　瑪里‧居禮，出生在波蘭。瑪里從小就喜歡父親的工作間，那裡擺滿了父親教學用的儀器，如玻璃管、小天平等，瑪里覺得那些東西很有趣，不時地問父親：「這是做什麼的？那是做什麼用的？」父親總是和藹地告訴她一些簡單的用途。

　　瑪里童年時，波蘭淪為俄國的殖民地。沙皇為了泯滅波蘭人的民族意識，規定俄語為正式用語。瑪里的父母都是具有強烈愛國主義思想的知識分子，父親常對孩子們說：「土地可以被奪走，知識是侵略者奪不走的東西。羅馬征服了世界，但希臘文化卻征服了羅馬。」並教育孩子們要為母國多學知識。晚上，全家人圍在一起，聽父親大聲朗誦波蘭文學作品，講故事，背誦詩歌。父親還用淺顯的語言，將他豐富的科學知識講給孩子們聽。

瑪里讀書十分刻苦，由於用功過度，她的身體不斷地變差。父親非常關心瑪里的健康，安排她到鄉下叔叔那裡去住。在那裡，叔叔每天帶著瑪里到森林去散步、滑雪和騎馬。一年的工夫，瑪里的身體就恢復了，知識也增長了不少。她又回到了父親的身邊。

這時，瑪里面臨著一個嚴峻的問題：沙皇規定只有男人才能接受高等教育，瑪里要升學，只有到法國或者瑞士去。為此父親十分懊惱：「我想給妳最好的教育，送妳到國外繼續求學，但是我沒有錢，不能幫助妳了！」話未說完已是潸然淚下。

瑪里十分懂事，她安慰父親說：「爸爸，別難過，我還年輕，能自己賺錢上大學，絕不辜負您老人家的一片苦心！」為了出國留學，瑪里開始當家教。當家教的 6 年時間裡，她始終堅持自學，遇到不懂的問題就寫信給父親，父親也總是詳細地給予她解答。

1891 年，在全家人的幫助下，瑪里終於存夠了錢，踏上去巴黎的求學之路。婚後，瑪里・居禮發明了分離放射元素，並做出了巨大的貢獻，獲得了諾貝爾獎。

▌歷史評說

瑪里・居禮的一生逆境多於順境，充滿坎坷，但是她始終不畏艱難，奮發努力。是什麼樣的動力，讓她克服重重困難，並為自己的目標獻出了畢生的精力？這種動力來自於她對科學的摯愛，源於父母的薰陶和全面的教育。

❖ **重視德育，培養瑪里的愛國情感**：父母在波蘭淪陷的日子裡始終堅持愛國主義教育，使瑪里心中從小就埋下了熱愛母國，為拯救母國多學知識的種子。

◇ **重視智育，從小激發她的科學興趣**：父母在種種困難下，仍想方設法送她出國讀書，並一直關注女兒的研究，不斷鼓勵她克服難關。

◇ **注重體育，練就健康的身體**：瑪里深深體會到鍛鍊身體的重要，她曾說：「科學的基礎是健康。」並且在以後幾十年的學習和研究中，都很重視鍛鍊身體。

可是在現實生活中，家長卻往往重視智育，忽視體育、德育。

對於體育的忽視，展現在孩子身體機能低下，從每年大考前保健品熱賣可以看出來。這樣的身體不禁讓人擔憂，如何能勝任以後繁重的學習和工作壓力。

如果說忽視體育只能傷及個人的話，那麼忽視德育，更讓人憂心忡忡，因為它關乎民族尊嚴。在北京，一個墨西哥人經營的店面剛開張，門口擺了許多貴重的花，圍觀的人很多，可場面突然混亂起來：幾十盆花卉遭到圍觀的民眾「搶劫」，來晚的人不甘心空手而歸，甚至帶走了兩個空花籃。店主人和其他外國朋友看此情景，搖頭嘆息，還拿照相機拍下了當時的場面。在自己「家」卻把「臉」丟到國外去了，實在是令人無言。

無怪乎一些著名教育家說：「只重視體育，孩子將成為社會上的半獸人；只重視智育，孩子會成為弱不禁風的病人，或者成為社會上的惡棍；只重視品德會成為病夫、懦夫。這種人對社會、對人類都是無用的。」

慧寶良方

由此可見，德智體三方面並進，才能算是對社會有用的人。下面是一點建議：

德育

◇ 要培養孩子愛國愛民的情感。當然，在孩子幼稚園時期就抽象地提出愛國主義教育是不客觀的，但家長應該讓孩子從小明白升旗時要肅穆莊嚴，並透過生活中的小事，教育他們哪些危害國家尊嚴的行為不應該做。

◇ 要特別注重讓孩子們發自內心地去尊重別人，對別人有禮貌，有同情心。

◇ 以身作則，培養孩子的優良品德和生活習慣，要誠實、公正，不能因為個人私利而損害他人的、公眾的利益。

智育

◇ 開發孩子的學習興趣，因材施教。激發孩子的好奇心和求知欲，引導他對科學知識的探求。

◇ 重視孩子的智力因素。培養孩子豐富的想像力、創造力，敏銳的觀察力，及勤於思考的能力。

◇ 培養非智力因素。告訴孩子樹立遠大的理想目標，培養意志力和樂觀、自信等性格。

體育

◇ 體育鍛鍊可以與勞務和遊戲相結合，讓孩子在愉快的氛圍中鍛鍊。

◇ 家長帶領孩子一起制定活動計畫，比如每天早上晨跑，或者週末登山、游泳等運動。

◇ 鼓勵孩子參加學校的體育活動或者比賽，還可以針對孩子的個人喜好，讓他們學習體育技能。比如打桌球，它不僅能鍛鍊身體，對孩子的視力和大腦也有極大好處。

列寧：誘導自省，管教不需要大吼大叫

孩子犯錯了，怎麼辦？也許，一頓狂風暴雨式的批評過後，家長的氣還沒消，孩子卻好像什麼也沒發生過。這種批評有意義嗎？列寧的家庭就採用了另外一種教育方式。

▌智趣故事

列寧的父親伊利亞為人公正，一絲不苟。在伊利亞家中，有一種特殊的處罰方式，那就是「坐黑椅子」。在伊利亞家裡，有一把黑色的椅子。他規定，如果哪個孩子犯錯，就必須到房間內坐在那把椅子上，什麼時候知道自己錯在哪裡了，才能出去玩耍。列寧及其兄弟姐妹們都把坐在這把椅子上看作處罰，叫做「坐黑椅子」。

伊利亞在嚴格要求子女紀律的同時，也相當的民主。平時他允許孩子提出不同的意見，讓他們毫不拘束地參加大人的談話。有一次，列寧向父親講一件事，講的時間很長，他緊張極了，不知道父親有沒有耐心繼續聽下去，他不安地看了看父親，伊利亞摸摸他的頭表示繼續，一直到列寧把事情講完，伊利亞才和善地告訴列寧，講話要簡練，不要冗長。

列寧母親是一位內科醫生的女兒，很有文化教養。一天母親帶他去姑媽家，列寧非常興奮，興高采烈地和表姐表弟玩捉迷藏。突然「砰」的一聲，列寧把桌上的花瓶摔破了。姑媽問他們是誰打破的？表姐表弟都說不是自己，問到列寧的時候，列寧紅著臉，緊張得心怦怦跳，他偷看了一眼媽媽，還是小聲說：「不，不是我打破的。」一旁的母親心裡明白了，但

是她什麼也沒說。

回到家裡，她沒有嚴厲地指責列寧，她認為最重要的是針對孩子的思想和內心啟發他的覺悟。於是她裝作相信兒子的樣子，在三個月內一直保持沉默，等待著兒子內心為自己不誠實的行為愧疚。

一天晚上，列寧臨睡前，母親走到他面前，撫摸著他的頭，列寧突然大哭起來，並告訴媽媽，「我騙了姑媽，那個花瓶是我打破的。」聽了孩子的哭訴後，母親安慰他說：「你應該勇敢地承認自己的錯誤，相信姑媽會原諒你的。」列寧慚愧地低下頭，並且主動給姑媽寫信道歉。

就這樣，在父母的培育下，列寧及其兄弟姐妹都走上了革命道路，列寧則成為全世界無產階級的偉大導師和領袖。

▎歷史評說

父親在家教方面展現了嚴格教育，他對孩子們要求十分嚴格，孩子犯錯，當然要懲罰，坐黑椅子，目的是讓他們自己把事情想清楚，嚴中有愛，剛柔並濟。

相比之下，母親則溫柔得多，她沒有在外人面前責問孩子，反而誇獎他，激勵他，用一種誘導自省的方式幫列寧意識到錯誤，令其為自己說謊的行為愧疚，並勇敢地承擔下來。難以想像，如果當時列寧的母親當眾揭發並斥責兒子，對孩子的自尊心會造成怎樣的傷害。

但無論是父親「坐黑椅子」的嚴厲，還是母親的暫時擱置，在處罰和批評時都顯現了一個一致的原則，就是冷處理。暫停，並不意味著姑息，而是留出一定的時間和空間，讓孩子自我反省。這種辦法意味著讓你的孩子獨自處在一個他感到不適的、沉悶的環境，意味著他遠離娛樂的時間，意味著「懲罰」。

我們應該知道，孩子的成長是從認知錯誤開始的，錯誤產生和改正的過程就是學習和進步的過程。每一個家庭當然要規範孩子的行為，沒有原則的愛相當於不愛。

沒有人願意聽冷酷的責罵，沒有人喜歡拘謹和不受重視，即使你是一個非常有涵養的成年人。事實上，大部分孩子在犯錯以後，都能意識到錯誤的存在，只是在一定時間內，或是在大人的「威嚴」下，不敢坦然面對錯誤。

不知道家長們是否還記得這樣一個寓言：太陽和北風比賽，看誰能讓路上行人的衣服脫掉。北風愈用力吹，行人把大衣裹得愈緊；太陽照耀，帶著陣陣暖意，結果行人把大衣脫了下來。這為我們提供一個很好的啟示，那就是換一種引導的方式，讓孩子自己經過複雜的認知過程，主動地說出錯誤並請求原諒，比起斥責和棍棒要有效得多，也能培養出會思考、會解決問題的孩子。

事實上很多明顯的錯誤，孩子自己也會意識到。如果你直接批評他，他忍了一時的「痛」，認為打屁股一旦撐過去，就萬事大吉，其後又會重新開始各種令人惱火的冒險；如果讓孩子自我反省，對自己的錯誤有所認知的話，對他內心的觸動會更深刻，更持久。

▌慧寶良方

很多教育家認為，暫停，讓孩子自我反省是有效的，它是對叫喊、責罵、打屁股和威脅的一種替代方式，當然這種方法對 14 歲以下的孩子更有效。

可以給孩子特定的空間進行反思

暫停的環境必須是沉悶且令人厭煩的，也可以是某個特定空間。可能許多父母認為這比打罵來得殘酷，可在我看來，獨坐十分鐘不會在感情上受到任何傷害。孩子每次犯錯，都在一個空間內接受處罰，長時間下來這個特定的方式便具備了一定的威嚴性，就像列寧家的那把「黑椅子」，便具備了這一特性，「坐黑椅子」就是懲罰。

保持沉默，暫時擱置不提

如果你不想那麼直接地「揭發」孩子的錯誤，還可以先裝作不知道，讓他自己想錯在哪裡。原因在於，這時候孩子已經做好挨罵的心理準備，如果家長馬上責備他，就如他所願，了卻一樁心事，他可能如釋重負，反正事情又不嚴重，轉個身就把事情忘掉了。

但如果家長不批評，他反而會忐忑不安，經常把自己懸而未解的錯誤放在心上，同時也在猜測家長的心理，進行自我反省。這樣適度、適時的沉默可以造就緊張的氣氛，此時無聲勝有聲，迫使孩子自我檢討。

與孩子交換意見，要平和寬容

既然孩子已經經過了一段時間的考慮，就說明他已經意識到了問題，所以家長沒有必要抓住不放，重要的是幫助孩子弄懂道理，多鼓勵，語氣要平緩，動之以情。

也許，一開始幾次使用暫停自省的方法，要花上很長的時間，甚至要面臨孩子們的大吼大叫，但是他最終會意識到這樣發脾氣不會起任何作用，他必須遵守規則。經過幾次艱難的序曲之後，相信這個方式對誰而言，都會變得容易起來。

愛因斯坦：激勵，每個孩子都可能創造奇蹟

經常有家長喜歡用表現很好的孩子做「標竿」，以激勵自己的孩子不斷地朝「標竿」前進，希望得到好的效果，但有時候卻適得其反。偉大的科學家愛因斯坦小的時候，也受到了來自家人的激勵，但這種激勵卻激發了他前所未有的興趣。

▌智趣故事

愛因斯坦出生於德國，父親赫爾曼（Hermann Einstein）是個電氣工程師，母親波琳（Pauline Einstein）溫文爾雅，彈得一手好鋼琴。愛因斯坦是家中唯一的男孩，父母對他十分疼愛。

愛因斯坦 6 歲上小學。他性情孤僻，與同齡孩子相比，顯得十分木訥。一位親戚說：「小愛因斯坦太嚴肅了，他是不是有什麼問題？」母親馬上否認說：「他沉靜，因為他常常思考。等著吧，總有一天他會成為一名教授。」儘管她心裡也不踏實。

10 歲的時候，愛因斯坦進入中學讀書，他最感興趣的是數學、物理、哲學。父親赫爾曼請來了自己的弟弟做兒子的家教。雅各（JakobEinstein）叔叔對愛因斯坦的成長，尤其是科學研究興趣的培養產生了很大影響。雅各是個工程師，也是一位數學愛好者，還是個高明的教師。雅各微笑著說：「代數嘛，就像打獵一樣有趣。那一頭藏在樹林裡的野獸，你把牠叫做 X，然後一步步逼近牠，直到把牠抓住！」又說「數學嘛，更有趣了，你看……」他在紙上畫了一個直角三角形，標上了符號 A、B、C，並寫出

$A^2 + B^2 = C^2$ 這樣一個公式，然後滿臉神祕對愛因斯坦說：「這就是大名鼎鼎的畢氏定理，兩千多年前的人就會證明了。你也來試試看吧。」

那時，愛因斯坦還未學習過數學課程，不過，他卻被這個定理深深吸引住了，決心試一試。他每天苦苦思索，努力尋找證明的方法，一連三個星期，總是坐在自己的小書桌前苦思冥想，終於在第三周的最後一天，獨立把這個定理證明出來了。

愛因斯坦第一次嘗到了發現真理的快樂。不久，他又自學了高等數學，當他的同學們還在三角形中苦戰時，愛因斯坦已經遨遊在微積分的知識海洋中了。

16 歲那年，愛因斯坦告別父母，獨自搭上了開往蘇黎士的列車，開始了人生新的里程。經過 26 年的艱苦奮鬥，愛因斯坦終於在 1921 年獲得了諾貝爾物理學獎。

▎歷史評說

愛因斯坦之所以能夠成為世界上公認最偉大的科學家，與親人的激勵是分不開的。一方面是來自父母，雖然母親對小愛因斯坦的木訥也是忐忑不安，但她沒有附和別人，也沒有用侮辱的語言來刺激孩子，而是用堅定的話語，激勵他的自信心。

另一方面是來自叔叔雅各富於激勵的語言和啟發的教育。雅各沒有直接教愛因斯坦「畢氏定理」，而是把定理拋給他，讓他自己思考，並說：「兩千多年前的人就會證明了。你也來試試看吧。」他的話帶有一種信任和期望，這大大激發了愛因斯坦的潛能。因此他的創造力才能被激發出來，自信心也逐漸增強了。

激勵是一種十分重要的教育方法，受到激勵的孩子，能具有積極的人

格特徵。「源頭活水天天來，水到渠成步步高」。家長的期望與信任，使孩子鼓足信心，自然激勵出他奮勇打拚的無窮力量。這種期望，還能讓家長在教育孩子的過程中不自覺地進行精神上的鼓勵，並堅信這種鼓勵和支持是值得的。

激勵往往是透過語言來傳達的，它包括很多方面，比如鼓舞的語言、肯定且提出要求的語言、對比意味的語言等等，甚至是適當的「激將法」。這些話語在一定程度上肯定了孩子有做某種事情的能力，認同了他的成功，並督促他取得新的成績。

許多為人父母者都不約而同地使用過這個方法，但是卻大呼「失靈」，為什麼呢？讓我們看看他們是怎麼激勵孩子的：「看人家畫的畫那麼好，你為什麼就不能再畫得好一點呢？」「你啊，你啊！這副沒出息的樣子，能做成什麼大事！」一項調查顯示，55%的家長喜歡誇獎別人的孩子，以達到激勵自己孩子的目的；27%的家長喜歡用過激的言語刺激孩子，讓他為自己感到羞恥。這種充滿火藥味的激勵，無疑是對孩子自尊心的一種傷害，最終孩子充耳不聞，雙方「反目」。

慧寶良方

孩子不斷進步，原因來自於許多方面；而激勵是一把激發潛力、培養孩子正常發展、快速成長的金鑰匙。

- ✧ **發自內心地欣賞孩子的每一個進步**：父母需要做一個有心人，觀察孩子每一個進步和努力，並及時表示讚許。營造一個激勵孩子的氛圍，他才能認真地領會父母的用心良苦，積極地配合父母提出的要求。
- ✧ **避免空洞的語言，及時提出要求**：也有一些家長試圖用好話來激勵孩子，一味地說「你最好了！」這樣空洞的話讓孩子毫無「胃口」——

已經是最好了，還要努力做什麼？家長在讚揚孩子的同時更應趁熱打鐵，提出下一步的期望和建議，這樣會收到很好的效果。

✧ **切合實際地制定激勵目標**：孩子的進步大多是一個循序漸進的過程，因此激勵的目標也應該是由低到高、由易到難地逐漸完成，並且這個目標應該是孩子在經過努力、奮鬥之後能夠實現的目標。家長要根據孩子的特性和特長為其設計奮鬥的目標，時時鼓勵他為實現理想而努力。

切忌一下子就把標準定得高高的。這樣做非但達不到應有的激勵效果，還很容易傷害孩子的自尊心、自信心和積極性。

✧ **注重過程，淡化結果，努力為孩子減少消極壓力**：評價過程是教育的一個重要原則。只注重一時的分數，而不考慮整個過程，容易將孩子逼進死胡同裡。聰明的父母總是能將過程看得比結果重要。

✧ **合理的和別人的孩子比較**：比較不是不可以，但是要注意方法。一個孩子說：「媽媽總是把我和別人相比，『人家得了 100 分，你才 80 分，沒出息的東西』，聽得我灰心喪氣，什麼也不想做了。」可見，消極的比較只在孩子心靈上播下自卑的種子。

比較一定要掌握分寸，以鼓勵為出發點，進行合理的比較，而不是詆毀或者發洩不滿，比如這樣：「你看，他那樣做不錯，你也可以試試這樣做，也許你做得更好。」

羅斯福：從小教導孩子成為有責任心的人

　　眾所周知，責任心就是個人對自己、他人、家庭、團體和社會所負責任的認知和態度。現代社會，擁有責任感已經愈來愈被人們重視和提倡。作為美國歷史上唯一一位連任四屆的總統富蘭克林·羅斯福，他對家庭，對人民，對國家都表現出了高度的責任感，贏得了美國人民的信任和世界的尊重。這種崇高的責任心無疑來自於他的家庭。

▌智趣故事

　　羅斯福出身於富豪家庭，父親學過法律，又經商，很富有。他的出生給這個本來就十分幸福的家庭又帶來了無比的歡樂。

　　幼小的羅斯福成為父母關注的中心。然而，羅斯福的父母並不嬌慣他，反而對他要求非常嚴格。他們從各個方面積極地培養羅斯福的責任感，凡是小羅斯福力所能及的事情，諸如穿鞋、穿衣服、刷牙，都要他自己去做，他們還讓他承擔打掃清潔等家事。

　　另外母親還為小羅斯福安排了很嚴格的作息時間表：7點鐘起床，8點鐘吃飯，然後跟家教學習兩、三個小時；下午1點吃飯，午飯後又學習到4點。嚴格的作息時間使羅斯福養成了很好的習慣。

　　小羅斯福遊戲時總習慣於自己是贏家，因為無論誰和他玩，都會自動自發地讓著他。「贏」慣了的小羅斯福如果哪次輸了，就會立刻不高興，甚至發起脾氣。兒子的這種舉動引起了母親的注意。她認為儘管孩子小，但長期這樣遷就下去，很容易讓他養成一種「自我」的壞毛病，對於培養

孩子的責任感非常不利。於是為了教育他，有一次母子倆玩一種棋類遊戲，母親故意不讓他，接連贏了兒子幾次，小羅斯福又生氣了，母親見此情景，故意不理他，並堅持讓兒子向她道歉，同時還說，如果下次還這樣「賴皮」就再也不和他玩了，最後，小羅斯福只有認輸了。

漸漸地，小羅斯福開始不滿意母親制定的嚴格作息制度，並提出了抗議，要求母親給他「自由」。母親認真考慮了兒子的要求，認為允許他「自由」一天，是一個絕佳的鍛鍊機會，於是她同意了。到了晚上，6歲的兒子滿身灰塵、一臉疲憊地回來了，母親知道這一天的「自由」，讓孩子體會了自己做「主人」的感受。

歷史評說

羅斯福的政績在全美國是有口皆碑的，人們在談論他所受的家教時也同樣津津樂道。

羅斯福父母對他責任心的培養，可謂別具一格：他們不僅在學業上要求兒子認真刻苦，還要求他做家事，為全家人盡義務；細心的母親還善於利用遊戲的勝負來培養孩子承擔結果的能力；另外，母親尊重小羅斯福的合理要求，給他自由活動的時間，對於羅斯福的健康成長和責任心的培養也非常重要。

人在不斷長大的過程中，「都有一種積極向上的內心渴望」，那就是責任感。可以說，責任感不僅將伴隨我們一生，還是今後立業成材的支柱。而培養責任心的過程實際上就是一個人從自己到他人，從家庭到社會，從小事到大事，從具體到抽象的過程。做家長的責任就是密切地關注他，鼓勵他，增強孩子的自信，使其學會對自己負責，對他人負責，對社會負責，慢慢走向成熟。

但是一份研究報告不禁讓人開始有了「責任危機」：「今天，大家一致認為，許多孩子沒有學會應該有的素養。調查顯示，孩子認為考試作弊沒錯，拿走不屬於他們的東西沒錯，不承擔家庭勞務也沒錯……」責任心的減弱使他們的上進心、紀律性普遍弱化，他們的成長似乎不需要對別人幫助，也不需要對別人負責。無法想像，一個對自己、對他人消極的人，如何能夠擔負得起更大的責任？

為什麼現在的孩子責任感出現了危機呢？不得不說孩子是讓家長「管」得失去責任心，包辦孩子的一切；捨不得孩子吃苦、出力；生怕孩子受一點挫折……部分家長的溺愛對孩子責任心的建立，無疑更是一種傷害。「責任」這個名詞，對於孩子來說本來就是深奧的詞彙，加上過分溺愛，責任心的淡化和消失也就「勢不可擋」了。

慧寶良方

所以，家長有必要從日常生活小事開始，讓孩子擺脫「以自我為中心」，盡快地了解自己周圍的世界，進而強化自己對他人負責、對周圍環境負責的責任心。

「DIY」自己的事情自己做

如果你經常對孩子說「你還小，長大了就會做」，「好好讀書，學習好比什麼都強」，那麼，等你希望孩子能承擔一部分責任的時候，他會說「這事與我無關」就不足為奇了。所以，要培養孩子的責任感，最直接的方式就是大聲告訴他「DIY」：Do It Yourself。就是自己的事情自己做，並承擔定量的家事，一步步過度到社會層面的責任心。

羅斯福：從小教導孩子成為有責任心的人

讓孩子對自己的行為後果負責

父母應該利用生活中的點滴小事，培養孩子從小敢做敢當、勇於承擔責任，而不是由父母替孩子承擔後果。常常看到孩子自己撞到桌角後大哭，母親一邊安慰一邊拍打桌角說「都怪這桌子」。事實上，桌子也不會動，這樣不講真因、「轉嫁疼痛」的結果，只會給孩子提供逃避責任的機會，淡化他的責任感。

美國總統雷根還是個 11 歲男孩的時候，因為踢足球時不小心打破了鄰家的玻璃而賠償人家 12.50 美元。認錯之後，父親卻要求他對自己的過失行為負責：「你沒錢我可以借給你，但你必須在一年後還我。」於是，雷根每逢週末都外出打工賺錢，幾個月後，他終於存夠錢還給了父親。雷根回憶起這件事時說：「透過自己的辛苦來承擔自己的過失，使我懂得了什麼叫責任。」

教育孩子做一個「言必信，行必果」的人

家長教育孩子從小就學會做一個言而有信的人，履行自己許下的諾言，對自己的行為負責任，這既是對自己的孩子負責，同時也是對社會負責。

父母自身對家庭、對社會的責任心如何，對孩子來說也是一面鏡子

從特定角度來說，父母的責任心水準可以折射出孩子的責任心。可以想像，對家庭、對社會毫無責任感的父母，很難培養出富有責任心的孩子。

拿破崙・希爾：賞識教育，誇出來的好孩子

　　林肯曾說過：每個人都希望受到讚美。因為欣賞將可能導致成功，而抱怨則容易使人失敗。美國成功學的創始人拿破崙・希爾（Napoleon Hill）博士從一個不聽話的孩子成長為著名的學者，這種力量便是來自於繼母的鼓勵和讚賞。

▎智趣故事

　　拿破崙・希爾幼時母親因病逝世，由於父親忙著養家糊口，也很少關心他，於是他變成了一個「問題少年」：打架，偷父親的手槍射殺鄰居的家禽，把大石頭從山上往下滾，差點把人家的房子砸爛……父親氣得把他關進柴房中，不讓他吃飯。然而，這一切只激起他更強烈的叛逆心理。

　　希爾 11 歲的時候，繼母走進了希爾的家。父親這樣介紹說：「這就是我家裡無法無天、無惡不作的希爾。」希爾雙手抱胸，臉上流露出對繼母的不屑一顧。然而，瑪莎卻笑了，用手摸著他的頭說：「我哪裡會不知大名鼎鼎的希爾呢？他是最伶俐的一個，而我們所要做的一切，無非是要把他所有伶俐的品格發揮出來。我相信，他會成為最好的孩子。」聽了這話希爾不自覺地放下了雙臂，心中湧起了一種從未有過的溫馨。

　　有一天，瑪莎對小希爾說：「希爾，我覺得如果你願意把一些精力放到更值得你投入的事情上，你一定會成為一個非常出色的孩子。我看你的想像力如此豐富，又如此充滿創造精神，如果你花在讀書寫作上的時間能像你玩的時間一樣多，我想你將來一定能夠著書立說影響遍及全州的。」

197

小希爾聽得熱血沸騰，不自覺地開始關注書籍和寫作了。

在小希爾十二三歲的時候，瑪莎對他說：「我看你這麼有天賦，如果你能學會打字，把你的文章列印出來，人們一定會對你佩服得不得了。我相信，你的打字技術能練到與你的槍法一樣好。」小希爾相信自己一定有這個能耐，他把手槍交給了繼母，而繼母則買了一臺打字機給他，不久，他真的自辦了一份小報。

從此，他一邊寫文章，一邊刻苦讀書。在閱讀中，他了解了一些名著和偉人，了解了寫書的人可以獲得很高的榮譽，這種榮譽將超出小鎮、州和國家的範圍，他終於明白人生中什麼才是最重要的東西。

歷史評說

成功後的拿破崙・希爾在回憶起自己的繼母時，曾深情地寫道：「我的繼母瑪莎是一個深諳此理的偉大女人，不是她，我的命運絕對不會是現在這樣子……」

希爾小時候被公認為一個壞孩子，無論何時出了什麼壞事，大家都認為是拿破崙・希爾做的。在這種情況下，拿破崙・希爾自暴自棄，一心想表現得比別人形容的更壞。當父親向新繼母介紹，他是無惡不作的孩子時，繼母卻親切地說他不是壞孩子，並努力發掘他的優點。在繼母的賞識和鼓勵下，拿破崙・希爾開始改正自己的缺點，並發奮學習。繼母用她深厚的愛和不可動搖的信心，塑造了一個全新的拿破崙・希爾。

在管理上有一條著名的「80/20 法則」，講的是要促使一個人進步，應該給他 20% 的壓力和 80% 的動力。20% 的壓力是批評和懲罰，80% 的動力來自讚揚和獎勵。因為，讚揚和獎勵比批評和懲罰更容易使人建立自信心。對孩子的教育也同樣是這個道理。

無論是大人還是孩子，都渴望受到別人的重視。當他受到賞識的時候，他就會覺得自己「真棒」，往往會有超常的發揮。對於孩子來說更是如此，他們心靈中最強烈的需求，便是得到別人的賞識。可是一個孩子如果在童年時代缺少被賞識，會直接影響到他個性的發展，甚至導致他一生的個性缺陷。國外一個12歲的小女孩覺得自己課業上怎麼「拚命」也達不到父母的要求，每次走出學校的考場，回家就進了「刑場」，還不如死了好。於是她吃下了十幾顆安眠藥；在另一個地方，一個中學生受不了母親層層加壓的考試成績要求，選擇了離家出走。

曾有專家進行調查，問孩子們：「你們印象中父母說得最多的話是什麼？」上學的孩子大多數選擇了「不聽話」、「成績不好」……這些話使90%以上的孩子認為自己不是好孩子。也許家長的理由是為了督促孩子，但結果只是讓孩子徒增壓力和自卑，甚至產生對抗心理和仇視意識。

慧寶良方

對於大多數孩子來說，他們缺少的不是批評，而是讚揚。所以，在孩子成長的道路上，父母不妨多賞識一下自己的孩子。

努力發現孩子的優點

正如某位知名教育家說過的：也許你的孩子讀書並不用心，但是他跑得很快，不要老對他嘮叨，說他一生都不會成功，而是要對他說，他將來會成為田徑運動員，如果讀書再用功一點那就更好了。

這位教育家給了我們一個很好的提示。由於孩子之間各不相同，家長千萬不能因為自己的孩子某些方面比別的孩子差，就輕視自己的孩子。而是要努力發現自己孩子的優點，尤其是發現孩子與眾不同的優點，學會欣賞自己的孩子。

不要忽視孩子的點滴進步

身為父母為什麼不為孩子的進步而感到驕傲呢？孩子有了進步，無論多小的進步，也說明他付出了努力，家長都要及時地加以肯定。因為父母的激勵和讚賞最能影響孩子的積極性，促進他加倍努力；同時，當孩子做了好事時，父母要表示讚賞，而且一定要及時。

讚賞孩子改正錯誤的決心

孩子在成長過程中，免不了會有缺點和錯誤。「語言是醫治人類心靈疾病最有效的良藥。」如果拿破崙的繼母也像別人一樣認為他是一個無可救藥的孩子，以羞辱和打罵來教育他，世界上恐怕就會少了一個偉大的成功學家。

因此，這個時候父母一定要對孩子改過的決心表示讚賞，並給予鼓勵和支援，千萬不要用懷疑的態度來對待孩子，更不要諷刺挖苦和失去信心，否則孩子很可能放棄改正錯誤的行動。

艾森豪：培養孩子的獨立能力

有一個古老的格言：給一個人一條魚，他可以吃一天，但教一個人怎樣釣魚，他永遠有吃的。作為父母，最大責任不是為子女創造多少能維持他生存的財富，而是幫助孩子學習獨立和做人。曾任美國總統的五星上將艾森豪將軍，他的父母非常重視培養孩子們的自主能力，使艾森豪以及他的兄弟們名聲大噪。

智趣故事

父親大衛和母親艾達是大學同學，結婚後共生了七個孩子，艾森豪排行第三。家庭生活十分窘迫，儘管如此，他們從未忽視過對孩子的教育。

大衛夫婦始終遵守著一條簡單的守則：積攢一便士就是賺得一便士。他們認為：這樣下去，能讓孩子自幼養成勤勞節儉的好習慣。

為了培養孩子們獨立自主的意識和能力，大衛夫婦分給每個孩子一小塊菜圃，讓他們自己播種，自己鋤草，自己耕耘。每逢收穫的季節，孩子們將水果和蔬菜裝滿小推車，運到城北富裕的住宅區去兜售。他們將這些東西賣掉，用賺的錢購買衣服和學習用品。這是一種讓人不太愉快的差事，富裕人家的夫人說話總是盛氣凌人，無情地砍價，嚴重傷害了孩子們的自尊心。兄弟幾個中，就數艾森豪最能勝任這項工作，他強大的適應能力特質也是在這個時候養成的。

同時，父母還很注重培養孩子們從小做事的習慣。艾森豪和所有的兄弟一樣，都要參加做家事。母親艾達讓孩子們輪流做家事，這樣每個人都

學會了做菜煮飯，洗碗，打掃房間和馬廄，整理庫房，洗衣，以及在菜圃裡播種、施肥、鋤草、收割等等。對此，母親艾達認為：「孩子們長大了，可以自己解決自己的事情。如果父母干涉得太多了，對他們的成長沒有好處。」艾森豪曾回憶說：「那時，如果我們要糖果吃，母親有時會做；如果我們要玩具的話，我們通常自己動手製作。」

大衛夫婦還經常教導孩子們要誠實、自力更生，鼓勵艾森豪兄弟幾個走出家鄉，到更廣闊的世界去創業、去奮鬥，他們讓孩子們意識到，如果老是待在家裡，就會被別人一直當做孩子看待，永遠成熟不了。

歷史評說

在大衛夫婦的影響和教育下，他們的幾個兒子後來都頗有作為，而艾森豪更是大名鼎鼎。效力軍界後，他屢立戰功，而其獨立、果斷的個性更為他傳奇的一生增添了英雄的色彩。

艾森豪雖然出生於平民之家，但是這個家庭卻給予他和兄弟們比物質財富更寶貴的東西。他們學會了熱愛付出、吃苦勤儉，並透過日常生活中的經驗，鍛鍊了獨立生活的能力；同時，父母灌輸他們走出家鄉去創業、去奮鬥的獨立自主意識。憑著這些優秀品格，艾森豪以及他的兄弟們才能夠各自在事業上有所成就。

在美國，無論在哪裡，都可看到蹣跚學步的孩子。如果孩子跌倒了，父母一般不會主動跑上前彎腰伸手扶起孩子，只是叫一聲「起來」，小孩看到沒有大人，就只好自己站起來。是美國父母不愛自己的孩子嗎？絕對不是！

獨立自主是人類生存和發展的基本能力。隨著時代的發展、社會的變遷，獨立的意義顯得更加重要。對於現在的孩子來說，要成為社會上獨立

自主的人，就必須具有健全的人格、高水準的自學能力和適應能力。「既能動腦又善於動手」，是時代賦予現代人「獨立」的更豐富內涵。

一個人雖然有優良的智力，但是缺乏健全的心理素養和獨立的能力，是很難在社會上生存的。調查顯示，時下的小孩最缺乏的是「求生存的力量」。至於為何會培養出一大批缺乏獨立性的「溫室花朵」，究其原因，主要是由於父母無法給孩子「斷奶」的親子情結造成的。

曾經有一位家長問教育家馬卡連柯：「我的孩子現在無法無天，誰也管不了，這到底是為什麼？」馬卡連柯反問：「你經常幫孩子摺棉被嗎？」家長說：「是的，經常摺。」馬卡連柯又問：「你經常幫孩子擦皮鞋嗎？」家長回答：「正是，經常擦。」馬卡連柯說：「原因就在這裡。」

▌慧寶良方

「擁有獨立支配的財富或自食其力 —— 都能使生活變得快活」，看來培養孩子的獨立能力，應成為家長重要的必修課。

✧ **養成「自己做」的生活習慣**：家長應該做到讓孩子自己的事情自己做，不能做的事情再來考慮怎樣協助他去做。也許他拿著杯子歪歪斜斜地走過來，把水潑在了沙發上，你也不要氣急敗壞地禁止孩子動手，因為那已經是在自立的路上前進了一步。這不僅可以避免養成孩子過度依賴父母的習慣，而且還可以讓孩子藉此探索與學習，一舉兩得！

✧ **「離開子女」，提供獨立的機會**：父母應該盡量為孩子創造自己動手的可能性，起碼不要在孩子自己很「能幹」的時候說「不」。你是否因為他把扣子扣錯了，打破了碗盤而大聲禁止他，並動手代勞呢？對此，一位教育家曾風趣地說：「做母親的最好只有一隻手。」總之，凡是孩子自己能辦的事情都要讓他自己去嘗試，讓孩子親自出馬。一旦他

學會了自己照顧自己，具備了自理能力，他就擺脫了成人的照顧，向自主邁出了一大步。

✧ **鼓勵才是他最應該聽到的聲音**：有這樣一個寓言：母親在離家之前給兒子做了一張足夠吃一個星期的大餅，套在脖子上，一個星期後兒子還是餓死了，原來他連自己動手轉一下餅的能力和想法都沒有。作為家長此時再清楚不過了，應該教授並鼓勵孩子學習做餅的技術，而不是讓他坐著不動。

✧ **讓孩子嘗試他有能力完成的事情**：比如：「放學的時候自己回來！」「試一試學習騎腳踏車！」當然還要記得經常鼓勵他，即使他做得並沒有你想像的那麼完美。這樣他就會變得比較有能力，比較自信。

✧ **培養他獨立觀察、思考的能力**：在孩子養成自己做的生活習慣之後，接下來就應該培養孩子「觀察學習」及「思考」的能力，才能免去許多白天接送，晚上陪讀，直到為孩子填寫志願的尷尬，進而為孩子整個人的獨立打下良好的基礎。

保羅‧蓋提：讓孩子在逆境中成長

從古至今，有識之士在教育子女方面，無不重視艱苦奮鬥的教育，自立環境，鼓勵孩子在艱苦中百煉成鋼。在世界富豪排行榜上，美國超級石油大亨保羅‧蓋提（Jean Paul Getty）曾經獨占鰲頭，他的成功，可以追溯到 16 歲時父親帶他去油田以後的艱苦創業。

智趣故事

保羅‧蓋提出生於美國的一個小城時，他父親在石油產業上已經非常成功。在教育子女的問題上，父親一向主張艱苦樸素的原則，從小訓練自己的子女吃苦耐勞的精神。他認為自己的財產與孩子們無關，並且盡可能地讓孩子到艱苦的環境中鍛鍊自己。

蓋提上大學後，父親便要求兒子暑假到他的油田去工作，以體驗基層艱苦的生活。臨走的時候，父親對他說：「你應該和我一樣，從最基層的工作做起。」還警告他：「別以為自己是老闆的兒子就會受到特殊照顧，必須服從鑽井隊命令，完成該完成的任務。」蓋提一口答應，以當學徒的身分，從鑽井隊最笨重的工作做起。

但是從小生活在舒適環境裡的蓋提一下子有點吃不消，因為他和其他工人一樣，每天工作 12 個小時，僅拿 3 美元薪水，工作又髒又累，非常辛苦。蓋提幾次向父親提出不想再去那個「鬼地方」了，但都被「無情」地拒絕。於是，在蓋蒂 3 年的大學生涯中，每逢假期就去油田打工。

　　大學畢業的時候，父親又嚴肅地對他說：「你該試著獨立在油田開發做一年，而不是跟著我。」可他並不為兒子的商業冒險提供資金。蓋提開始發愁了，沒有資金怎麼辦？於是他只有親自到處尋找願意出租的油田，最後終於用 500 美元租下一塊地開始鑽井。他每天吃住都在油田裡，與工人一起在油井工作。經過數日的努力，終於成功地打出一口井。初次的嘗試令蓋提十分激動，這個時候父親又發話了：「第一次成功純屬運氣，作為一個經營管理者，必須具備相應的專業技能。」蓋提開始研究地質學和大量有關石油的書籍，並把學到的東西應用到實務中。接下來，他順利地鑽出第二口井、第三口井……。

歷史評說

　　蓋提的父親深深懂得逆境出人才的道理，他主張過艱苦樸素的生活，並自立環境，讓兒子在艱苦的生活中磨練。

　　16 歲起，蓋提就在父親的油井打工，和基層工人一樣做最累的工作，拿微薄的薪水，而且一做就是好幾個假期；當蓋提開始獨立開發油田的時候，父親只是給他提供意見，卻在資金問題上非常「小氣」，讓兒子自己想辦法。然而，父親的「殘酷」，終於把兒子「逼」向了成功。蓋提靠個人的努力，掌握了石油開採的整套技術，不滿 24 歲就已經是一個百萬富翁了。

　　這一事實告訴我們，如果有意識地讓子女接受一些艱苦生活的磨練，了解一項事業成功的來之不易，對於奠定他們今後腳踏實地生存的能力，是非常有益的。而且據美國心理學家研究所得出的結論：在艱苦困難環境中長大成人的孩子，與在優越環境中長大的孩子相比，成才比例要高得多。因為在艱難的環境中，有意識地進行艱苦生活的磨練，讓子女們了解

到開拓一項事業不容易的同時，更增長了才幹，鍛鍊了意志和體魄。

傳統古訓也有「人遺子，金滿籯；我遺子，惟一經」，可與之相對的是，我們的家長辛勞奔波，全心全意為的卻是給孩子一個舒適享福的環境，而不是生活的能力。在家庭生活上，有的家長對子女嬌生慣養，上下學專車接送，所有物質要求全部滿足；有的家長則對子女「全包」，周到服務，導致孩子生活自理能力很差。

許多家長們認為，自己是從苦日子裡過來的，現在賺錢不就是給兒女用的嘛。所以在社會「大環境」和家庭「小環境」的影響下，大多數孩子沒有經歷過艱難，而養成嚴重的惰性和依賴性，身心非常脆弱，小小的年紀卻會享受。殊不知「舒適的生活將來會帶來無限的煩惱」。

▎慧寶良方

大量事實表示，沒有哪個優秀人士的成功是不勞而獲的。可見，鼓勵孩子在艱苦的環境中百煉成鋼是一件不可忽視的大事。

端正家風，提倡勤儉節省，培養能力才是生存之本

家長要以身作則，以做出榜樣來潛移默化地培養孩子勤儉節省的意識。「再富不能富孩子」。不要認為現在生活好了，要什麼有什麼，還講究節省做什麼；在孩子的食衣住行上大手大腳；跟著廣告走，養成了虛榮嬌奢的風氣……這些觀念和行為都不利於培養孩子艱苦樸素的作風。

因此，身為負責任的家長，應該告訴孩子把重心放在課業和熟練專業技能上，有朝一日才能夠立足於社會。

磨練孩子的生存意志

日趨富裕的物質生活條件也削弱了孩子們本應具備的人生忍耐力、心理承受能力和克服困難、堅忍不拔的意志力。

曾經是美國總統夫人的賈桂琳（JacquelineOnassis），在兒子約翰 11 歲時讓他到營地去接受訓練，以鍛鍊他堅強的毅力；在兒子 13 歲時送他到孤島上學習獨立生活技能。這樣的例子還有很多，我們沒有送孩子去某孤島的條件，也未必非要如法炮製，但我們的家長起碼可以做到教育孩子吃苦耐勞，養成付出的習慣，讓他們真正領悟生存的意義。

經常對孩子講艱苦奮鬥的故事，把這項工作長期堅持下去

一些父母根據自己的經歷，認為吃點苦是成長之道，也開始人工製造些「苦」出來，逼著子女參加冬令營、夏令營，或者乾脆把孩子「放生」到郊區農民家庭：吃南瓜湯、睡火炕、體會人間疾苦。於是，孩子們真的叫苦連天了。可回家後，父母心疼得不得了，把那幾天的辛苦通通用溺愛加倍補回來，寵愛一如既往。

讓孩子經歷磨難和挫折的意圖是好的，但短短幾天的「苦日子」，只能是「傷及表面」，無異於用一湯匙的苦藥對抗一罐子的蜜糖。要從思想上著手，長期堅持培養，才能達到教育的真正目的。

諾伯特・維納：在大自然中健康成長

大自然是一條孕育生命的河，它博大豐富，是塑造孩子美好情操，理想人格和淨化心靈最好的課堂。經常走出家門，離開自己的小圈子，對於一個人的成長有著非凡的意義。美國數學家、控制論的創立者諾伯特・維納（NorbertWiener），他的父親就善於利用接觸大自然、拜訪名人等機會，開擴少年維納的眼界，同時豐富他的知識、陶冶他的性情。

▎智趣故事

維納的父親是哈佛大學的教授。他在培養維納成長時，非常嚴格，但不拘泥於書本知識。為了使維納能夠在輕鬆愉快的環境中學習，父親經常帶著他在農場裡玩，維納喜歡幫父親拔草澆水，他總是問「為什麼植物要澆水？」「為什麼要拔草？」等等，父親也耐心地解答。維納6歲的時候，全家人到歐洲做了一次長途旅行。在這次旅行中，維納不僅飽覽了異國風情，參觀了名勝古蹟，還在父親的帶領下，拜訪了許多名人，令他大開眼界。

父親還經常帶著兒子到田野裡玩，每每這個時候，維納總是樂得手舞足蹈。在玩的過程中，父親也借助一切機會對他進行教育，觀察各種植物和昆蟲。當然，相比平時威嚴的爸爸，小維納更加喜歡此時這個慈愛又博學的父親，往日求學中的種種不悅消失得乾乾淨淨。在親近大自然的同時，維納也結交了許多農民的孩子，認識和體驗他們的生活。一次他認真

對父親說：「我要學習他們那種真誠、淳樸的品格。」

隨著知識的增長和能力的提高，激起了維納的創作欲望，為此他準備了一篇論文參加學校舉行的演講比賽，父親看了文章後對他大加讚揚。為了把兒子塑造成一個優秀的、獨立自主的人，父親不僅教維納書本上的知識，還想方設法讓他做一些力所能及的事。家搬到農場以後，他宣布，家裡的一頭小山羊和牧羊犬歸維納所有，由維納負責飼養。他還鼓勵兒子在農場中自由選擇一塊地，造一個花園，主人就是兒子本人。

從此以後，維納和大自然親近的機會就更多了。他涉獵群書，生活的多姿多彩也激發他的創作欲，使他成為博學而不失質樸、嚴謹而不失自由的科學家。

█ 歷史評說

維納父親這些家教上的經驗在今天仍不失智慧。他嚴厲但又不死氣沉沉，講課時是嚴父，下課後又是好朋友。他沒有把孩子整日關在房門裡讀書，而是重視孩子熱愛自然的天性，在豐富的自然和社會中，傳授孩子知識。大自然豐富的知識和博覽群書，以及異地遠遊，開拓了維納的眼界，無形中使他的想像力、創作力大大提高。

同時父親非常注重利用自然的機會，培養孩子獨立自主的能力，並鼓勵他與農民的孩子交朋友，學習他們勤勞善良的品格，塑造他良好的性格。而這些方面的培養，在如今的學校教育和家庭教育中卻開始變得愈來愈稀有。

早期亞洲父母們對孩子的教育，普遍是粗放型的。許多家長從自己小時候的生活裡，都能找到許多美好的片段。或許他們並沒有意識到，愈與大自然親近，感情就愈豐富，生活的樂趣也就愈多，而這種人往往也更加

熱愛生活、富於創造和想像力，形成一種廣泛的學習概念，使人的身心處在一種積極向上的狀態，由新鮮感喚起個人主動的探知欲，這樣健康的人生也將沿著正常的軌道發展下去。而現代人的生活則是細緻型的，而且細緻得過了頭，使孩子深受約束。這種束縛不僅來自於內心，也來自於他們的生活空間愈來愈狹窄。他們變得離開了空調，一動就會大量出汗；關閉了電腦就不知道該玩什麼。令人擔憂的是，他們應該是大自然的孩子，而不是機器的孩子，過多人為的東西使他們錯過了許多天性養成和發展的機會。

但事實上，這類與大自然和社會絕緣的孩子，其適應性、獨立性、寬容性和毅力較其他同齡人要弱得多。這才是家長和社會真正的痛。

因此，家長應該意識到做遊戲和貼近大自然對孩子發展的重要性。

▌慧寶良方

一位知名教育家說過，我們要塑造孩子，但不能犧牲孩子的天真，不能以一代人的呆板為代價。為了不讓他們精神越發匱乏，心靈越發疲倦，讓孩子盡情享受一下我們曾經在自然中有過的歡樂吧！

✧ **給孩子融入自然的機會**：家長們不要一看見孩子玩就生氣，看見孩子學習就馬上高興。應該鼓勵他們從事戶外活動。假日父母可以帶著孩子去公園、動植物園、附近郊區、風景區走走看看；當然如果有條件的情況下，可以在假期帶孩子出去旅遊。

許多國家的家庭、學校和社會都在為學生提供在自然中學習的環境與機會。俄羅斯莫斯科的郊外還專門為青少年開闢了許多農莊、農場。一家或幾家人常常在假日帶著孩子到郊外過一天豐富的生活：載歌載舞、畫畫寫生、讀書交談等。許多驕傲的孩子、孤僻的孩子、膽怯的

孩子……都從中找到了自我塑造的良方。

✧ **鼓勵孩子參加有計畫的旅遊和家庭活動**：但要避免認為提供了大量物質條件就是盡責的想法。某所私立學校暑假期間計劃舉辦國外夏令營，通知剛出，家長們便趨之若鶩，爭先恐後為孩子報名，生怕自己提供的條件比別人差，一出手就是上萬元。飛機往返、美味大餐，被「全副武裝」的孩子們走了一大圈只是帶回了幾張旅遊照，還有一大包換洗衣襪。

✧ **不要做功利型的家長**：一些家長把帶著孩子出去玩當作一種獎勵，考好了如何如何，把本來屬於孩子的生活當成了魚餌，那樣孩子更累！

✧ **適當參加公益活動**：如果說大自然是我們永遠的家園的話，那麼透過活動，親近萬物的能力也將會獲得最大程度的保護。比如學校舉辦的植樹等活動，就是一種很好的親近自然的方式。

高爾文：讓你的孩子有更好的人緣

現實社會中，能否掌握與別人相處的方式，養成「內外兼修」的個人魅力，已經成為立足於社會的重要因素。在波瀾起伏的商業戰中始終獨占鰲頭的 Motorola 公司，其總經理鮑伯（Bob Galvin）平時經營有方，待人平和，深得員工們的喜愛。他的這種「好人緣」完全得益於父親 —— Motorola 的創始人高爾文（Paul Galvin）的教育。

▍智趣故事

高爾文在兒子很小的時候，便將他送到學校去讀書。他經常告誡兒子，平時要多體諒別人，多替別人著想；要尊重他人，絕不能仰仗父親總經理的「頭銜」耀武揚威；別人幫了忙，一定要道謝；自己有了錯，也一定要請求別人原諒。

待鮑伯長到一定年齡後，高爾文常常利用學校放假時，帶他一起出差，讓他體驗商務活動的過程。在業務洽談中，鮑伯按照父親囑咐，安靜地坐在角落裡，聆聽並記錄工商界老闆的發言，他從沒有因為聽枯燥的商業理論而「擾亂」會議秩序，對此，高爾文十分滿意。經過參與多種商務活動，鮑伯學會了許多書本上學不到的知識。

1940 年，鮑伯已經 17 歲了，高爾文才同意讓他到自己的公司去上班。第一天，他與其他同事一樣，坐在人事室外面的長椅上，聽候工作分配，人事室的工作人員認出他是總經理的兒子，請他直接進辦公室，但是鮑伯寧願排隊按照秩序等待，也不願意違反工廠的紀律，有「差別待

遇」。此舉贏得了全廠上下的一致好評。

工作不久，高爾文就派給鮑伯一項艱鉅的任務：要他準備一份鋼鐵市場發展前景的報告。這確實難倒了鮑伯，他一連幾天吃不下飯。但他認真刻苦、努力工作的態度，卻令員工們頗為感動，同時大部分員工也不能理解，老闆怎麼給兒子指派這麼棘手的工作。高爾文看到這種情形，親自到圖書館查閱了大量資料，又請來了幾位工業研究專家為兒子講解，然後讓兒子根據自己的理解，去編寫報告。

經過一番刻苦鑽研，認真分析比較，鮑伯終於寫出了一份出色的報告，讓同事大為折服和讚嘆。經過一段時間的鍛鍊，在高爾文多方教導下，鮑伯很快上手。並於 1956 年正式出任 Motorola 公司的總經理。

▌歷史評說

如今 Motorola 公司不僅以品質在市場上占據一席之地，它的信譽和員工素養，也博得人們的好評，這不得不歸功於鮑伯領導有方，當然也要追溯到父親讓他有一個「好人緣」，在商場上取得了信任。

高爾文的家教故事可謂是一以貫之，一旦原則定下來就讓兒子從小身體力行，從言行之中得到啟發。他培養兒子的良好道德品格；他讓兒子參與公司的相關活動，掌握經營面的知識，學習社會秩序；他對兒子和其他員工一視同仁，讓他從小事中體會與人相處的藝術；他指派給兒子艱鉅的任務，領悟成功辦事的竅門，以便能贏得人們的信任和喜愛，最終成就事業。

每一個父母都應該知道，在現實社會中，大人不可能為孩子提供一個絕對完美的生活環境，因此，如何鼓勵孩子適應環境才是最重要的。好人緣，並不意味著讓子女們費盡心機地發展庸俗的人際關係，而是培養他令

人尊重的個性魅力。好的「人緣」，是主動地養成一種由內向外的氣質，關心他人、真誠待人、謙虛守信等等，使周圍的人都樂於接近他、相信他、喜愛他，這是一個人在社會上立足的先決條件，只有這樣，才能取得別人的信任和支持，為成就事業助一臂之力。

時代需要有個性、有創造力，能與人合作的人才。如果一個人在童年、少年，人生起步的最初階段，養成了「自我」、「任性」和「無理」等惡習，必然陷入不被同伴接受、喜愛的苦惱，長大後也會在處理與同學、同事和群體的關係上，出現麻煩，難以適應以後的生活，最終成為人生之路上很大的障礙。

▌慧寶良方

家長有必要為孩子認真策劃，悉心引導，盡量使孩子有一個「好人緣」，成為被他人接受和喜愛的人。心地好是「人緣好」的根本。對此，明朝的龐尚鵬有過精闢的概括：「好比樹木果實，那與莖枝相連的是蒂，蒂壞了，果子就一定要落下來。人的心就和果子的蒂一樣，至關重要。」

✧ **良好的品格情感是做人的基本素養**：有誰不喜歡好人呢？不論在生活中還是文學、影視作品中，人們都不約而同地把感情的天平向「好」的一方傾斜，因此父母要注意規範孩子的行為舉止，如誠實善良、謙虛禮貌等。教育孩子懂得愛和愛人，為孩子做出關心他人、真誠待人的榜樣，並且盡量鼓勵讓孩子關心同伴，幫助他人，友善待人，及時制止孩子歧視弱勢族群、不禮貌、霸道等行為。

✧ **幫助孩子發展友誼，培養合作精神**：孩子們的友誼常常受到他們本身人格和經驗的影響，如果孩子擁有屬於自己的「小圈子」，當然會增加他與同伴親近和交往的信心，並有機會體驗到與人相處的方式。孩

子間的遊戲，同學之間的共同學習，都為形成友誼提供了機會。孩子也會在人與人的摩擦中，學會忍讓與合作的精神。

✧ **引導孩子掌握基本待人接物的原則**：孩子的長大是不可阻擋的，因此，對他進行一些「社會化」的訓練也勢在必行。家長可以透過表達對一些事物的態度和做事的行為方式，來傳授孩子如何與人相處，體諒別人的感受，如何應付生活和工作中出現的情況，以免他們在紛雜的社會中「手忙腳亂」。

✧ **傳授孩子與人交往的技能**：教給孩子基本的談話技巧，比如介紹自己，詢問別人的情況、表達個性興趣、接受對方建議等等，也會使他比別的孩子更成熟、懂事。

同時，當孩子在處理人際關係「很受傷」時，家長應該幫助孩子從負面經驗中學習，使他從那種被排斥的感覺中逐漸成長。

海明威：用藝術陶冶孩子的情操

　　一位兒童教育家說：「美術、音樂和舞蹈等一切藝術，不僅是兒童的消遣活動，而且能夠使他們變得更聰明、更富朝氣。」事實的確如此。譽滿全球的文學大師海明威就認為，從母親那裡受到的藝術教育影響了他的一生。

▌智趣故事

　　海明威出生於美國康乃狄克州。父親是一位頗具權威的內科醫生，母親葛雷蕾絲（Grace Hall Hemingway）則是位精力充沛、多才多藝的鋼琴家和女低音，還擔任著幾十名聲樂學員的教師。

　　海明威的父親非常喜愛體育活動。海明威 3 歲的時候，父親就帶他去釣魚；5 歲時又帶他到森林去打獵。有人問他怕不怕，他非常自信地說：「我什麼也不怕！」還誇張地說：「我單手攔住了一匹受到驚嚇的馬！」父親也大笑，認為這是兒子對擁有勇敢和膽量的憧憬。後來，釣魚和打獵都成了海明威的終生愛好，並從中養成了爭強好勝的性格。

　　在父親培養「硬漢」的同時，母親葛蕾絲對兒子在藝術上的培養同樣十分用心。最初，葛蕾絲希望海明威將來能成為一個傑出的大提琴手，而且兒子在這方面的確很有天賦。儘管後來她發現兒子在寫作上的興趣遠遠大於音樂，但她仍然認為人生在世懂得音樂是非常幸福的。

　　葛蕾絲每天播放古今名曲給海明威聽，晚上用歌聲哄著兒子入睡。在兒子還不會說話的時候，她就用拍手的方式打拍子給他看，讓他感受各種

好聽的節奏。海明威 6 歲時，母親買了一把大提琴給他，開始正式教他
學習音樂和對位法。她在給學生授課時，常常讓海明威坐在旁邊當「旁聽
生」。小海明威認真聽講，和那些大哥哥大姐姐一樣專注。

海明威開始愈來愈熱愛音樂，他經常和母親一起唱歌、跳舞，朗誦詩
歌，在中學時還擔任了管弦樂隊隊長。

多年後，海明威還就此寫道：「學習些音樂技巧，對一個作家來說是
很有必要的。」他創作《戰地鐘聲》一書時，音樂知識便在對位結構中發
揮了顯著的作用。

葛蕾絲除了在音樂方面造詣很深，還頗愛看書和畫畫，並經常寫生。
她每年都去一個叫南塔克特（Nantucket）的小島進行風景寫生，也多次帶
著海明威一同前往。在那裡，他們畫畫、談心，還互相為對方讀小說，讀
到精采處，兩人同時發出讚嘆聲。如果說小海明威在音樂上天賦極高的
話，在畫畫上，他就顯得笨拙了一些，總是還沒畫好，就弄了自己一身的
油彩。但是母親仍然堅持帶著他作畫，觀看畫展，讓他的繪畫及美術欣賞
能力迅速提升。

▌歷史評說

海明威小時候的生活可謂是豐富多彩的。一方面是父親的「硬教
育」，教給他男孩的勇敢；另一方面是母親的「軟教育」，對他進行藝術素
養的培養。因為他們知道做人空有勇敢的性格是沒有用的。

由於母親葛蕾絲是一個優秀的音樂家，所以她在這方面可以稱得上是
專家。因此，海明威從小就受到了很好的藝術薰陶。為了讓兒子生活在藝
術氛圍中，母親每天都播放古今名曲，和孩子一起唱歌、跳舞；當海明威
年紀大一點的時候，又開始學習樂器和專業的音樂知識；另外，母親還替

小海明威營造了一個繪畫和培養文學興趣的環境，使兒子不僅在音樂方面有所建樹，也具備了相當的美術欣賞能力。所以，在他的作品中，常常流露著音樂、美術的痕跡。

美國喬治亞州曾提出一項新奇提議：撥出 10.5 萬美元預算，讓該州所有新生兒在出院時可以免費帶走一張古典音樂 CD 或錄音帶。原因在於他們開始認為音樂和美術等藝術教育，在孩子成長過程中占有重要的地位，它能夠促進兒童大腦發育，使孩子更加聰明，可以促進文化知識的學習，而且有利於淨化兒童的心靈。這種培養不僅豐富了孩子們的童年生活，更重要的是孩子能從中得到藝術薰陶和文化滋養。這將會影響孩子的一生。

但很多家長懷著一顆明顯的功利心，讓孩子參加各種輔導，致使一些孩子不能從學習中獲得快樂和自信的體驗，收效甚微。也有許多家長感嘆：「我的孩子沒有藝術天賦！」事實上每一個孩子都是天生的藝術家，關鍵看父母怎樣挖掘和培養。

慧寶良方

其實，不管孩子將來是否能成為藝術家，家長們仍然有必要從小對子女進行各種藝術教育。

從小培養，引導孩子對藝術感興趣

家長不一定是個藝術家，但仍然可以培養孩子的藝術興趣。比如，每天和孩子一起聽音樂，觀看演出，參觀各種展覽，鼓勵孩子參加學校的戲劇表演等。條件好的家長還可以帶孩子親臨音樂會的現場，雖然你的孩子可能看不懂，但「真人」表演，確實是令孩子高興的事，也會激發他的興趣。

讓孩子自發地愛上藝術

讓孩子對藝術更加自願地熱愛，必須先要求家長們降低讓孩子成「藝術家」的主觀願望，多一點隨意性：

✧ 循序漸進，配合孩子的年齡來訓練，過於繁重會使孩子產生厭煩情緒。

✧ 在玩耍中學習，抓住時機，給予孩子合理指導。一個媽媽常用這種遊戲的方法來引導女兒學習。她用手指出牆上的樂譜，女兒按照樂譜按琴鍵。不久，這種簡單的彈琴遊戲便使女兒能用鋼琴單音彈奏簡單的曲調了。

✧ 保護孩子的積極性。要把他們演奏出來的第一個音符、創作的第一幅作品看作是最棒的，並且積極地讚揚和鼓勵。

輕鬆地為孩子安排藝術訓練的課程

孩子大了，僅僅靠視覺和聽覺的薰陶遠遠不夠，家長有必要為孩子安排一些適當的專業訓練。但是不要急於求成，繁重、強迫的安排會對孩子造成壓力。

注重用藝術薰陶孩子的情操

我們不能讓每個孩子都成為音樂家、畫家、舞蹈家。但也不要認為既然不想讓孩子成為音樂家，教他音樂就是浪費時間。藝術生活多姿多彩，家長應該注意和孩子共同發掘美妙的東西，培養孩子的心智和理智，孩子幼小的心靈變得更加純潔，才是最難能可貴的。

小洛克斐勒：理財啟蒙，以金錢鑄就品格

　　一位知名教育家提出，理財教育是一種工具和手段。教育的目的並不是讓孩子學會存錢，或者一定要去經商，而是要讓孩子成為一個能幹的、真正的、健全的人。石油大王洛克斐勒認為，富家子弟之所以渾渾噩噩，是因為他們終日錦衣玉食，到頭來必將碌碌無為，一事無成。洛氏家族成員的經濟和政治地位長盛不衰，既保持著嚴謹的生活作風又富有同情心，其祕密正與從小開始的理財教育有關。

　　讓我們看這樣一份紀錄：小約翰三世（John D.Rockefeller III），從事慈善事業，是 30 多個慈善組織的理事；納爾遜（Nelson Aldrich Rockefeller），1974 年就任美國第四任副總統；勞倫斯（Laurance Rockefeller），美國最有名的航空工業巨頭、軍火商人；溫斯洛普（Winthrop Rockefeller），阿肯色州州長；大衛（David Rockefeller），美國金融界霸主之一，擁有350 多億美元資產，曾被認為是僅次於美國總統的最有權力的人。

　　他們的父親正是美國歷史上赫赫有名的小洛克斐勒。

　　他們的成功不是仰仗父親的財勢，而是得益於父親的教育。

智趣故事

　　小洛克斐勒是世界上第一個擁有十億美元的億萬富翁。他不但富可敵國，對子女們的教育觀念，也可謂高人一籌。

　　在孩子們的童年時期，小洛克斐勒沒有讓他們享受到億萬富翁家庭的優越條件，沒有游泳池、網球場，他們只能和別的孩子一樣，玩簡單的遊

戲，跟著父母伐木或者騎馬。

孩子們到 7 歲的時候，小洛克斐勒就開始向他們灌輸「金錢」的觀念。每週發給每人 30 美分的零用錢和一個記帳本，要求他們既要花，又要儲蓄，還要施捨。他們要在這上面記載每一分錢的用途和時間，每筆開支都要有理由。

漸漸的每個月這些錢不夠用了，幾個孩子們就靠勞力賺點錢。背柴火、鋤地、拔草，10 美分；捉住一隻老鼠 5 美分；擦皮鞋，每雙 5 美分錢。有一年，男孩們在兄長帶領下開闢了一個小菜園，幸運的是，他們的櫛瓜、南瓜大獲豐收，小洛克斐勒也非常高興，他按照市場上的價格向兒子買了南瓜，其餘的由孩子們推到市場上賣。

小洛克斐勒還經常對幾個男孩們進行一種「基本功」的訓練，就是親自教他們縫補自己的衣服。正是有這種訓練，1968 年納爾遜坐在競選飛機上，碰巧褲子破了個小洞，當時這個家財萬貫，正爭取共和黨提名的總統候選人，做了一件讓全美國人「跌破眼鏡」的事情：他不慌不忙地從旅行袋裡取出針線包，把褲子縫得漂漂亮亮。

▋歷史評說

這些看來似乎很不可思議，但那的確是真的。洛克斐勒家族始終保持著簡樸和良好的理財觀念，給了我們一個好的啟發。用「支出」培養消費意識，用「施捨」激發他們的同情心，用「儲蓄」培養節儉的習慣，再透過勞務工作來生動地告訴他們有付出才能有所得。

小洛克斐勒只給孩子少量的零用錢，讓他們經常處於經濟壓力下。同時灌輸他們透過工作來獲得報酬，以及如何花錢的觀念，並讓他們學會過儉樸的生活。正是因為他嚴格而又行之有效的教育，才為兒子們後來的成

就奠定了基礎。

在猶太人的市集上，像洛克斐勒家族這樣讓小孩販售工作成果的並不少見。許多小孩子販售他們用過的玩具，儘管他們只有五六歲，稚嫩的臉上一本正經，就像個道地的生意人一樣。他們缺錢嗎？當然不是，他們是在學習賺錢，因為他們從小就被環境灌輸「財富來自勤勞」的理念。

父母是孩子的第一位老師，從小培養孩子正確的價值觀，謀生的手段，將為他們以後邁向社會搭建穩固的臺階。許多專家研究的結果顯示，從孩童時代起學習如何花錢，懂得用錢，對於一個人的健康成長，養成正確的道德和勞務觀念意義非常重大。

我們現在的生活水準大為提升，家長們在為孩子提供物質生活的同時，卻忽視了培養孩子艱苦奮鬥的品格。物質條件的改善並不意味著要忽略教育孩子艱苦奮鬥。可是今天，一味的憶苦思甜、單調的教條式訓導，已經失去了昔日的效果。孩子們只知道用花花綠綠的鈔票可以換來好吃、好玩的，但是錢從哪裡來，來的多艱難，就不在他們關心的範疇裡。

▎慧寶良方

為人父母，不是不可以談錢，關鍵在於用什麼方式，什麼用途來談錢，來教育孩子。應該及早地培養孩子正確對待金錢的態度，要「取之有道，用之有方」，以便讓他們健康成長，又不為金錢所累。

灌輸孩子用勞動創造財富獲得報酬的觀念

幼小的孩子不知道錢是從哪裡來的，大風刮來的？樹上長的？所以他喜歡什麼就想要什麼。那麼父母應該告訴孩子，農民勤奮耕種才能收穫糧食；父母就就業業工作才能領取薪水。這些錢不能隨便亂花，即便花錢也應該作正確使用。

合理給零用錢，養成儲蓄觀念

孩子也有合理的經濟需求，作為家長必須承認並加以積極的引導，這樣可以培養他們對金錢的責任感和做出正確決定的能力，並幫助孩子了解金錢的價值，問題的關鍵在於孩子如何正確地使用它。家長可用幫孩子在銀行開一個存款帳戶的方式，讓孩子懂得存錢，甚至可以讓孩子懂得「複利」的效果。

養成簡樸的生活習慣

父母要教育孩子，節儉是一種美德，無論貧窮還是富裕，都應該崇尚節儉。因為孩子的「精打細算」不是天生就會的，但奢侈浪費卻可以無師自通。在美國，許多家庭比較富有，但他們的生活簡樸，不論是在家裡吃飯還是請客人都比較簡單，生活開銷也是比較有計畫的。這與中國目前部分富有家庭形成了鮮明的對比。

鼓勵孩子透過正當手段獲得報酬

許多家長擔心孩子會過早地沾染「銅臭」，但是孩子總有一天要走向社會，而且事實上，在已發展國家，許多經濟學家和富翁，都是從小就對經濟有興趣，開始賺錢，但沒有誤入歧途。讓孩子懂得付出勞力是獲取財富的正當手段，可以進一步培養孩子的獨立工作的能力和責任心。

同時，還要告訴孩子不要一味貪圖財物，財物只不過是支持我們的物質生活，讓生活更便利和舒適，但真正有意義的生活不是靠財富創造或是靠金錢購買得來的。

休斯：社交力，助孩子以正向心態步入社會

最近，孩子們社交能力的開發和他們的智力開發一樣，開始受到了人們的重視，並成為孩子成長中重要的一環。有些人早就認知到了這個問題，並受益於此。美國休斯航空公司的創始人，全世界十大億萬富翁之一的霍華·休斯（Howard Hughes），誰能想像，這個商場上叱吒風雲的人物，小時候竟然是個害澀自閉的小孩子呢？

▎智趣故事

休斯的父親是一家鑽井公司的大老闆，對於獨生子小休斯，付出了無限關愛，並寄予了厚望。

休斯少年時代性格孤僻，不愛說話，是出了名的「害羞的小男孩」。他幾乎沒有一個合得來的朋友，他最喜歡一個人待在家中製作無線電發射機，或者嘗試將自行車改成電動自行車等等；另外，休斯對電影也有著濃厚的興趣。

父親為了改變休斯過於內向、不善交往的個性，邀請了公司職員夏普的兒子達德雷和他一起玩。達德雷是一個十分活潑又善於交際的小孩，很快，他便和休斯成了好朋友。天長日久，休斯在他的影響下，比以前愛說愛笑了，也好動了許多。

為了進一步培養兒子的社交能力，休斯的父親還讓他加入「童子軍」，鍛鍊他的團隊合作精神。一下子從家庭的小範圍裡「跳」出來的休斯，剛開始還有點不習慣，他不但被老師批評過，還受到守夜的懲罰。

　　「童子軍」的生活使休斯的性格有了很大轉變，但他的父親仍然不滿意。為了幫他提高適應新環境的能力，在他從小學到高中的十幾年間，先後讓他換了 7 所學校，創下了轉學最多的紀錄。

　　休斯父親的心血沒有白費。由於突發性心臟病，他在中年就離開了人世。18 歲的休斯在遺產繼承的聽證會上，當著旁聽席上的親戚和休斯公司董事們的面，一改往日留給人們的局促緊張的印象，侃侃而談，語出驚人，發表了被人稱為休斯的「獨立宣言」的言論：「根據德州的法律，只要貴庭宣布我是可以負法律責任的成年人，我便不再需要監護人，並可以繼承父親休斯公司董事的職務。」結果，休斯如願以償。

　　從此，休斯先從電影製作開始，開拓事業。由於他經營有術，理財有方，良好的社交能力又使他如虎添翼，連美國最有名望的總統羅斯福、尼克森也對他刮目相看。

歷史評說

　　休斯出人意料的慷慨陳詞，使人們不禁難以相信。但這種驚人的變化，並非一蹴而就，而是和老休斯的精心培養密不可分。

　　老休斯深知過於羞澀和孤僻的性格，對於兒子的健康發展非常不利。為了培養孩子的社交能力，他為兒子找了個性情開朗的同伴，那個活潑的小孩，對於改變休斯沉靜的性格十分重要；另外，老休斯讓兒子參加「童子軍」，擴大他的交友範圍，並透過多次轉學來提高小休斯適應環境的能力。經過多方鍛鍊，終於，年輕的休斯憑著探索的精神、執著的興趣和強勢的社交能力，創造了他的商業奇蹟。

　　我們首先要明白的是，孩子性格的發育與他的人際關係是相關的。良好的人際關係會給人精神的慰藉與支持，增強戰勝困難的勇氣。顯而易

見，那些在良好的人際關係中成長的孩子，成人後更容易成功，因為他們有著積極的心態，良好的合作精神和人際關係，這種精神正是社會所需要的。事實證明，孩子正是透過和同伴的嬉戲、玩耍，從中發展出體諒他人、適應環境等重要特質。

一位母親曾經憂心忡忡談了這樣一件事：一天，她發現兒子一個人站在幼稚園的牆邊，看著別的孩子玩。晚上她問孩子，但結果讓母親聽得更揪心 —— 別的小朋友不跟他玩。應該說，由於不在意而忽視了孩子交往方面問題的這種做法，將是家教的一大失誤。

當前許多學生中出現了一種前所未有的「校園人格」：自私、內向、孤僻、自尊過於強烈等，形成了與人接觸的障礙，其中一個重要原因便是長期封閉式的教育。這樣的孩子不僅會因為沒有同伴失去許多童年的樂趣，進入社會後，也將會因為不擅於與人交往，不能充分地展示自己的技能，而陷入煩惱。

慧寶良方

對於不會交往的孩子，家長應該及時地改變教育方法，幫助孩子從小建立一個親密的友伴關係，教會他如何與人打交道，與人合作。這些功課，將為孩子今後形成好的社交能力，做積極的準備工作。

家庭內部成員的穩定關係是基礎

許多專家認為，如果母子關係發生了什麼問題的話，等孩子長大以後，會對朋友們失去興趣，或者常常故意為難朋友們；或者遇事猶豫、不知道該如何處理朋友們的關係。所以，家庭成員間明朗活潑、親密友愛的關係，是孩子具備與他人交往能力的基礎。

培植自信，擺脫孤獨的陰影

自信是人生起步的前提，更是促進與人交往、擺脫孤獨的良方。父母要經常表揚自己的孩子，使孩子能夠對自己形成一種積極的認知，踏實地邁出人生的腳步。

鼓勵孩子在童年建立積極的友伴關係

兒時的友誼會影響孩子交友的習慣。如果一個孩子失去了朋友，或者說不被同伴所接受，即使他在日後取得了成功，終生也會有一種不安全感和不滿足感。

父母應該盡量為孩子提供與朋友交往的機會，讓孩子看重友誼，鼓勵他與人交往。在孩子們結成「同盟」到處玩耍，進入到他們的「小圈圈」時，要積極地參與孩子的友情，進行指導和幫助；另外，在適當的時候教授孩子一定的交友經驗與技巧也是有必要的。

讓孩子有自己的團隊生活

一個孩子如果得不到團隊的接受，對他來說是十分痛苦的事，自信心也會受到挫折。孩子長到一定年齡的時候，家長可以鼓勵孩子參加各種團體活動，甚至是一些以技能、興趣愛好、交流等為基礎的特定團體，比如足球隊、籃球隊、美術班等課後活動。這些基於個性、興趣而交織在一起的主題活動，更容易讓孩子相處、開眼界、長知識，形成初步的社交能力。

本田宗一郎：合理安排時間，養成良好習慣

日本人向來以節省時間和高效率聞名全世界。高速、高效也是這個國家能夠在戰爭之後迅速崛起的重要原因。日本著名的本田公司的創始人本田宗一郎，更堪稱是這兩者的表率。那麼他是怎樣養成這一良好習慣的呢？

智趣故事

本田宗一郎出生在日本的一個貧窮農家，父親在日俄戰爭結束後退役回家，開了一個自行車修理鋪，以修理自行車和打造小農器為生。宗一郎是長子，由於家中孩子多，經濟非常困難，幼小的宗一郎便幫助父親轉動鼓風機，閒下來的時候，他經常在鋪子裡撿拾鐵片。宗一郎看到父親用靈巧的雙手打造出鋤頭、犁、耙子和小農具，感到好奇又好玩，便將撿到的鐵片，學著父親敲打，做成各種小玩具，送給弟弟玩。

宗一郎一邊轉鼓風機一邊學打鐵，他看到父親累得滿頭大汗，脖子上掛著的毛巾也被汗水浸溼了，覺得十分心疼，便問道：「爸爸，你不能慢慢打嗎？看你累成這個樣子。」

父親十分嚴肅地說：「要是慢吞吞地打，鐵坯冷卻了，就不能打成農具。做什麼事情，都要講究速度，要迅速，要快！」

幼小的宗一郎頭腦靈敏，對什麼事情都要提出為什麼。有一次，父親把三塊燒紅的鐵坯放在鐵砧上，不停地輪番敲打。宗一郎見父親打鐵技藝精湛，鍛打的聲音一板一眼就好奇地問道：「爸爸，你為什麼要三塊鐵一

起打，不如一塊一塊去打，就不緊張了，也不會這麼累啊！」父親回頭看了他一眼，溫和地告訴他說：「這幾塊鐵坯形狀小，可以放在一起打，能夠一起打的鐵，就不要分開打，這樣既節省時間又可以多打幾塊。你要記住，做工作要多動腦筋，能集中做完的就不要分開做，這樣可以節省時間。當天的工作要當天做完，每天都有新的工作。」

父親打鐵的啟發，深深地印在宗一郎的腦海裡，像種子埋進了肥沃的土地中。直到後來創辦本田技研工業株式會社，宗一郎也一直把高效率、高速貫徹始終，並作為本田公司的傳統，一代一代地傳下去。

▌歷史評說

本田宗一郎的父親是退伍軍人，他並不懂得什麼教育學，更不知道教育子女的理論與藝術，但他對本田宗一郎的影響卻是深遠的。

懂事的宗一郎心疼父親，讓他慢慢地打鐵，還「聰明」地勸父親，鐵坯一塊一塊地打就不累了。但是父親用幾十年的經驗告訴他，做事情要迅速，要盡量節省時間，要當日事當日畢。父親的話，使宗一郎深受啟發，並一直將這種精神作為事業發展的指導思想，相信這種意義遠遠超出了他父親本人的本意。

這也給了我們一個很深刻的啟示，那就是在教育子女的時候，應該了解到如何讓孩子學會合理地安排時間，這是一個非常重要的問題；而且學會合理利用時間，不僅是成才的一項基本素養，也是保證孩子身心健康成長的重要條件。

許多家長在一起談論的時候，常說孩子每天晚上做作業都要做到 12 點鐘左右，導致孩子體力下降，精神疲憊。這裡除了應該督促社會把「減壓」真正地貫徹下去，也有必要審視一下孩子們，是否有一部分的原因，

是他們還沒有深刻理解「一寸光陰一寸金」的道理，或者是沒有「工作效率」的概念；沒有時間的壓迫感，不會安排和利用時間，很難形成高速和高效率。

散文家朱自清曾寫過一篇名為〈匆匆〉的文章：「洗手的時候，日子從水盆裡過去；吃飯的時候，日子從飯碗裡過去；默默時，便從凝然的雙眼前過去……」這篇文章追蹤了時間流逝的軌跡，需要留意的是，我們的孩子是否把做功課的時間滯留在擠牙膏上；是否用雙倍或者更多的時間來完成一件事情；是否總是在一天快要結束的時候，才想起沒做的事情還很多！

現代社會是一個高速運轉的社會，因此對社會中的每一個成員也就提出了這樣的要求，誰能夠在相同的時間裡，做出比別人多的事情，就意味著贏得了勝利。而養成良好的時間觀念是一個人做事成功的基本前提。

▌慧寶良方

父母應該幫助孩子克服時間觀念差所造成的不良習慣，培養孩子惜時、守時以及合理利用時間的好習慣。

合理地安排時間，意味著節省時間

制定一個時間表。制定規則有利於孩子養成一個規律的習慣。比如上學、放學、休息、複習功課的時間，都要全盤考慮，合理安排。要教育孩子按照規定認真遵守，持之以恆。

幫助孩子學會利用零碎時間。茶餘飯後的零碎時間是最容易被忽視的；相反，合理而充分地利用這些零碎時間，是很有益的。

教育孩子有責任感和緊迫感

「花開堪折直須折，莫待無花空折枝」。幫助孩子對明天的事情有個確定計畫和目標，力爭今天的事情今天做完。魯迅在一次別人問起他的經驗的時候說：「哪裡有天才，我是把別人喝咖啡的工夫都用在工作上的。」因此有心人應該時刻感到時間的緊迫。

要鬆弛有度，充分利用最佳時間

不要把時間都花在讀書上。家長都懂得「拉久了橡皮筋就沒彈性」的道理。讀書的時候專心致志地讀書，玩的時候便盡情地歡樂；否則，學與玩都達不到好的效果。另外要根據孩子的年齡，安排孩子休息的時間，以利於孩子的身心健康發展。

家長的力量

家長應該及時監督孩子的生活習慣，按制定的計畫有序地進行。

另外，有時家長自然且不刻意的行為，更能達到好的教育效果。畢竟父母的言傳身教勝過枯燥的理論。許多家長完成了一天的工作後，晚上仍然堅持讀書，無形中便替孩子樹立了一個很好的惜時典範。

費曼：在遊戲中發現和培養孩子的才能

　　「遊戲，不就是玩嗎？玩有什麼重要的呢？」許多家長會產生這樣的想法。但是玩是孩子的天性，有益的遊戲有助於孩子萌發意識、開啟智慧、塑造性格。曾經獲得諾貝爾物理學獎的理察‧費曼（RichardFeynman），他的成長就和玩有著密不可分的關係。

▍智趣故事

　　費曼生活在一個十分幸福的家庭。他還很小的時候，父親就非常注重意在遊戲當中培養他的各種能力。一天父親帶一堆裝修浴室用的，各種顏色的小瓷片回家，父親把它們疊起來，弄成像骨牌一樣。費曼一推，它們就全倒了，父親問費曼：「能不能換一種方法重新把它們疊起來呢？」於是，在父親的提示和合作下，小瓷片疊成了兩白一藍的狀態。費曼的母親在旁邊忍不住說：「唉，你讓小傢伙隨便玩不就好了？」可是費曼的父親回答說：「不行，我正在教他什麼是序列，並告訴他這是多麼有趣呢！這是數學的第一步。」

　　費曼最喜歡父親帶著他去郊外玩，享受在大自然裡的無拘無束。和父親一起觀察鳥類的活動，植物的形態，父親還生動地給他講為什麼鳥喜歡啄身上的羽毛，為什麼樹葉會枯萎……許多為什麼費曼都輕鬆地在玩中找到了答案。

　　父親還十分注重培養費曼觀察的習慣。一天，費曼玩馬車玩具，在拉動馬車的時候，忽然發現車內一個小球的運動方式。他連忙找到父親說：

「爸，當我拉動馬車的時候，小球往後走，而我把它停下來的時候，小球往前滾，這是為什麼？」於是父親開始耐心地給他講摩擦的道理，並接著啟發他，「如果從旁邊看，摩擦開始的時候，小球相對於地面來說其實還是往前前進了一點，而不是向後走。」小費曼跑回去把球又放在車上，從旁觀察，他驚喜地發現小球果然是向前移動了。

在父親的培養下，費曼開始對物理產生了濃厚的興趣，並下決心進行更深入的研究。多年後，費曼飽含深情地說：「我父親就是這樣教育我的。他用許多這樣的實例來進行興趣盎然的討論，沒有任何壓力。他一生中一直激勵我，讓我對所有的科學領域著迷。」

▌歷史評說

值得注意的是，費曼的父親非常注重孩子喜歡玩的天性，他在有目的地帶領孩子沉浸在遊戲當中時，抓住兒童好奇、好問的特性，及時生動地解答。透過堆疊瓷片來教導序列的知識，又透過玩具馬車傳授他摩擦力的基本原理等等。既豐富了孩子的頭腦，引導孩子積極探索科學的興趣，又培養了他好學好問和觀察事物主動學習的能力，最終形成了一套自己的學習方法，使費曼在物理學領域裡取得了輝煌的成就。

常有人說，哪裡有孩子，哪裡就有遊戲。遊戲不僅僅使人身體的各個部分都活動起來，而且提供了交往友伴的機會，還可以將他們帶入一個充滿快樂，充滿幻想的世界。而遊戲更深的魅力所在，就是遊戲本身正是「玩」和「學」的奇妙組合，在玩的過程中不斷產生不同問題，進而激發尋求答案的欲望，促進孩子對科學、對生活的探索。

細心的家長可以發現，孩子從出生起差異並不大，但經過幾年、十幾年的不同訓練後，可以看到他們之間千差萬別，無論身體的柔韌性，

還是思維的靈活性、創造性，或者是團體的合作性，會「玩」的孩子優秀得多。

而在一些家庭裡，常常因為沒有適合的朋友和適合的遊戲使得孩子們不盡興。這種情況大多沒有引起家長的重視。他們總強調自己的工作忙、家務多、沒有時間，或者寧願自己玩牌、打麻將，也不願意與孩子一起玩遊戲，於是孩子們常常遭到類似「自己去玩吧」的拒絕。這對孩子的成長是十分不利的。家長們應該了解到，在和孩子遊戲的過程中，既能夠增進孩子對父母的親切感、信任感，又能夠更豐富他們的知識，還能夠激發他們思考問題的興趣。

▋慧寶良方

遊戲要怎麼玩？著名的心理學家克莉絲蒂娜（Christina Berndt）舉辦了名為「遊戲是件嚴肅的事」的研討會，討論遊戲在現代社會中的地位，以及創造有益的遊戲環境的辦法。也就是說家長應該要知道遊戲是多樣的，但是要正確地指導孩子來遊戲。

關心和了解孩子遊戲的內容和方式，並向有利的方向引導

因為孩子的年紀小，他們還不懂得選擇，所以家長要把守好第一道防線。切不可玩一些帶有危險性、刺激性以及容易形成不好習慣的遊戲。

現在有許多家長幾乎「談電腦色變」，因為電腦遊戲以及網路在豐富人們視野和帶來快速資訊的同時，的確給尚未成熟的孩子很大的誘惑。但是，家長不能「因噎廢食」，讓孩子與電腦絕緣。1991年國際資訊學奧林匹克銀牌得主夏西遠，從小對電子遊戲著了迷。可是父親沒有對此責備制止，而是悉心地引導，並送他到程式設計班學基礎知識，讓他學會自編程式，把孩子對遊戲的興趣轉化為促進學習的動力。

及時地發現問題和解決問題

孩子在遊戲的過程中，會產生各種問題，家長應該抓住這個絕佳的引導孩子的機會。比如和孩子放風箏的時候，告訴孩子為什麼薄薄的風箏卻會飛得那麼高；游泳的時候，告訴孩子們人體為什麼會浮在水面上。

在遊戲的過程中，培養孩子的各種能力

美國某教育家的女兒 4 歲就能夠用世界語（Esperanto）寫劇本，5 歲發表作品。她對女兒的培養就是採取遊戲方式進行的：她和女兒路過商店門口時玩「留神看」的遊戲，與女兒比賽誰能記住最多的櫥窗裡的東西，鍛鍊女兒的觀察能力和記憶能力；用表演戲劇的方式，提高女兒的文學素養和語言表達能力。

和孩子一起遊戲

教育家卡爾·威特認為，給孩子玩具後便放任不管的家長是錯誤的。玩具本身並不會給孩子帶來知識，甚至會讓他感到無聊、厭煩。因此家長要和孩子有趣味地玩，從玩耍到教育，進而使孩子增長知識。

傳統文化教育中，常常告誡孩子們「業精於勤，荒於嬉」。但是有節有制有效地玩，非但不會喪志，還可以作為一種智力養分，促進孩子的學習。

韋勒：讓興趣成為最好的老師

「孩子愛什麼，就有可能成為什麼樣的人。」有人總結世界上數百名諾貝爾獎得主的成功因素，其中之一就是他們對所研究的科學事業有濃厚的興趣。獲得諾貝爾生理學和醫學獎的托馬斯·哈克爾·韋勒（Thomas Huckle Weller）也不例外。

智趣故事

韋勒出生於美國的一個知識分子家庭。父親在一所大學從事病理學研究，喜歡觀賞、收集、餵養、解剖各種動物。他有很多醫學和生物學方面的雜誌、書籍，有時候小韋勒纏著父親講故事，父親就拿帶有插圖的生物學書給兒子看，並講給他聽。小韋勒一邊看一邊聽，十分著迷。

除此之外，韋勒還經常在父親的陪伴下，到戶外遊戲。一路上，小韋勒總是有很多的問題問父親。他們有時候抓幾隻蝴蝶製作成標本當書籤，有時候捉魚、養魚，然後韋勒就像父親那樣觀察牠們。這使韋勒從小就對醫學和生物學產生了濃厚的興趣。

一天，韋勒和朋友們到河邊玩耍，捉到了幾條小魚，韋勒高興地把魚帶回家養。可有一天韋勒發現一條小魚死了，他十分傷心，小魚為什麼會死呢？是餓死的嗎？韋勒決定探個究竟。韋勒把小魚放在一塊木板上，拿來小刀小心地劃開魚肚，他驚奇地發現小魚的肚子裡竟然有一撮乳白色的小蟲子在蠕動。「啊！這是什麼？是小魚的後代嗎？」韋勒天真地猜想著。

小韋勒馬上告訴父親他自己的發現。父親仔細觀察了小魚肚子裡的東

西，然後對韋勒說：「那不是小魚的後代，而是魚體內的寄生蟲。」「是牠們把小魚弄死的嗎？」「牠們是怎麼鑽進魚肚子裡去的呢？」好奇的韋勒連珠炮似地問父親，父親微笑著對韋勒說：「寄生蟲不僅魚體內有，其他動物和人體內也有，牠們危害健康，是應該消滅的大敵。你要好好讀書，長大後去研究消滅寄生蟲的方法。」韋勒會心地點點頭。從此以後，他讀書更加用功了，對生物課也更加熱愛。

後來，韋勒考入了密西根大學。由於兒童時代萌發的興趣，他選擇了醫學動物學，這也正是父親鼓勵他做的工作。獲得哈佛大學醫學博士學位後，韋勒開始專門研究比較病理學、熱帶醫學和細菌學，並獲得了生理學和醫學研究的大豐收。

▌歷史評說

從一個從小喜歡看生物學插圖，喜歡觀察小動物，喜歡問問題的孩子，到成長為諾貝爾獎的得主，韋勒最大的動力就是「喜歡」。學習的專業與個人興趣和理想的結合，心情愉快，學習的動力自然更足了。由於父親的工作特性，加上父親潛移默化的影響，使韋勒從小就對生物領域產生了興趣。當韋勒開始對未知領域探詢的時候，父親及時地以韋勒感興趣的問題，利用解答疑問的機會，將問題引申，鼓勵他從小立志並為之奮鬥，收到了事半功倍的效果。

興趣，對於一個人用什麼樣的態度來做事很重要，許多著名人士的職業就是以兒童時期的興趣為基礎的。貝多芬 4 歲的時候就已經完成了四部奏鳴曲；畢卡索兒童時期就表現出非凡的繪畫天分……可見，只有喜歡，才能使人在實現理想的路上不畏艱難，孜孜不倦地上下求索；反之，無論是誰，都無法出色地完成一項自己毫無興趣的事情。

這就要求家長善於發現孩子的興趣愛好，並積極地朝著有利的方向引導。如果對某個方面根本無法產生興趣，父母的強迫反而會造成孩子性格的扭曲。

生活中曾經有這樣的例子：一對年輕夫婦一心讓孩子在音樂方面有所造詣，但孩子偏偏對音樂「感冒」。父母四處籌錢，為兒子購置了鋼琴，並像監工一樣督促孩子苦練，剝奪了他所有的遊戲時間。漸漸地，孩子視鋼琴為無止盡的苦役根源，一天，他趁父母不在，砸毀了那架節衣縮食買來的鋼琴。望子成龍的家長，切勿在孩子身上採取「咄咄逼人」的手段。

慧寶良方

有些興趣是天生的，有些則可以在後天的學習、生活中慢慢培養。而且，人們的興趣會隨年齡變化而改變。家長不妨細心觀察孩子的需要，做好子女的伯樂。

在輕鬆的環境下，巧妙地引導孩子的興趣

許多家長苦於孩子只是對玩耍抱以極大的興趣，卻無法主動地學習。對於孩子來說，做功課的確不像遊戲那樣有吸引力。強行幫孩子報名基礎課、特長課或者專業課，只能是愈逼愈學不進去。

家長可以有目的地在生活中，或在遊戲玩耍的過程中，喚起孩子的學習興趣。當孩子遇到問題、感到困惑時，及時地引導他讀書學習。這種具體、生動的教育比空洞的說教要奏效得多。比如孩子喜歡隨手塗鴉，家長便可藉此引導他們學習繪畫方面的技術。

培養廣泛的興趣，掌握多方面的知識，以博養專

獲得廣博的知識，可以讓主要興趣有更好的成效。古代傑出的科學家張衡，就是一個有廣泛愛好的人。他從小喜歡天文、地理、數學、繪畫、書法等等，最終成為一個舉世矚目的天文學家、數學家和文學家。

作為父母，如果發現孩子對某一特定學科很早就表現出愛好，那麼利用其他的興趣，培養主要興趣，不僅可使人精神生活充實，還可以促進智力發展。

培養孩子興趣的持久性

許多孩子兒時對某個方面有興趣，但因為沒有形成長時間的、穩定的愛好而半途而廢。因此要培養孩子對感興趣的事物鍥而不捨的精神，不斷累積知識，促使智力發展。

鼓勵積極興趣，抵制消極興趣

消極興趣是學習的障礙，能腐蝕孩子的心靈意志，玩物喪志。如沉溺網路聊天、電子遊戲，浪費了寶貴的時間，將使他們長大後碌碌無為。而積極興趣才是促進孩子勤奮向上，健康成長的有利因素。

盛田昭夫：從小培養孩子的領導才能

「沒有天生的領導者，只有後天造就的領導者」。領導能力的培養，無論在現在還是將來，都能讓人受益匪淺。全球最大的電器製造公司，索尼公司的創始人盛田昭夫，他傑出的領導才能並非與生俱來，而是與其父的精心培養密不可分。

盛田昭夫出生時，正是盛田家族重振昔日雄風，成為新的名門望族之際。對於盛田昭夫的未來，父親已經有了十分明確的目標，就是把他培養成為一名企業家，承擔起作為一名長子應承擔的責任。

為了實現這個願望，父親頗下工夫。他認為，作為社會的一員，必須要會協調各種人際關係，他甚至將父子之間發生口角也視為是對兒子進行教育的機會，哪怕兒子怒氣沖沖，他也能心平氣和地巧妙對兒子進行引導。

▌智趣故事

盛田昭夫 10 歲的時候，父親便帶著兒子到他的事務所和釀酒廠，親身體驗盛田家的事業是如何經營的。他還經常帶著兒子參加公司的重要會議，以期讓他學會與部下相處的技巧和處理各種問題的方法。當工廠盤點存貨時，父親也一定要帶著盛田昭夫一起去，讓他親眼看一看，工廠的工人是如何在父親的監督下一絲不苟地工作的。

到了國中階段，父親和家人對盛田昭夫的教導更趨向於理性，也很注重開拓他的視野，讓他在接觸社會的過程中豐富自己的人生體驗。在盛田

昭夫的耳邊常常縈繞著這樣的話語：「你生下來就是總經理，因為你是盛田家的長子。這一點，你要牢牢記住。」「儘管你是一位總經理，但是，假如你認為因此就可以向周圍的人耀武揚威、趾高氣揚，那就大錯特錯了！你必須認清，什麼事情該自己做，什麼事情讓別人去做，而且要對這些事情負全責。」

在這些耳濡目染中，盛田昭夫漸漸對家族事業產生了興趣，尤其對新思想、新技術更是情有獨鍾。一次，父親托人買了一臺極為昂貴的黑膠唱片機，如此逼真的音響效果令他大為吃驚，並大大激起了對製造電器的熱情。正是源於這種興趣和小時候父親對他領導才能和領導意識的培養，盛田昭夫後來建立起自己的電器王國。

▎歷史評說

盛田昭夫最後的成就，遠遠超出了家人最初的設想，他成了世界上最大電器王國的締造者。盛田昭夫本人也說，父親對他領導與開拓才能的培養讓他受益無窮。

父親讓兒子從小就參與公司的有關活動，透過言傳身教使兒子掌握企業經營的知識；他告誡兒子注重禮貌禮節，建立良好的人際關係；他讓兒子接觸最新式的電子產品，激發兒子的上進心和創造熱情。這些獨具匠心的做法，為兒子擁有主宰電器王國的領導才能，發揮了巨大的作用。

領導才能，是一個人綜合特質的重要內容，也是一種在工作和生活裡能夠充分展示的個人魅力。具有領導特質的孩子，往往敢說敢想敢做，勇於探索，勇於挑戰，而這是透過塑造孩子的自信心、意志力和不同凡響的創造力等方面來造就的。

現代人才教育理論發現，無論對男孩或女孩，如果能在班級以及課外

活動中，表現出較強的領導能力，那麼這要比他表現出較高的智力或考出較高的分數，更能準確地預示著他成年後的成功。這樣的孩子即便是不作為領導者，獨特的氣質也會使他在以後的工作生活中，堅持自己的信念，不會人云亦云、隨波逐流。

而與之相左的是，不少粗心的家長不自覺地忽視了孩子的個性培養，甚至壓抑孩子的夢想，導致孩子「沒有自信，做事畏首畏尾」，或者是「在人多的場所顯得羞怯，不敢大聲講話」等等。這些都將為孩子施展自己的才華造成巨大的障礙。苦惱的家長可能認為孩子天生不是那塊「料」，事實上，他們沒有發現，那些充滿表現欲和表演欲，善於統籌和管理的孩子們，都是他們父母盡心盡力培養出的「領頭羊」。

▌慧寶良方

拿破崙說：「不願當將軍的士兵不是好士兵」，因此父母有必要儘早培養孩子的領導意識和才能，以便在芸芸眾生中出類拔萃。

營造培育自尊和自信的環境

眾所周知，人類最大、最可怕的敵人就是自己。從小注重孩子自尊心和自信心的培養，有助於孩子長大後在無限的空間活躍，去施展自己的領導才華。

為人父母應該努力為孩子創造一個寬鬆的成長環境，鼓勵孩子充分發揮自己的想像力和表現力，讓他充滿自信，認為自己是世界上第一的和最好的，樹立自尊、自強與自信精神，讓個性得到充分的張揚。

認真對待孩子的夢想、興趣

擁有夢想是孩子向成功邁出的第一步。即便孩子說「我想當個大廚師」，而這個願望與你的期望相去甚遠，責怪也是無濟於事。隨著情況的不斷變化和年齡的增長，孩子的夢想也會改變。但是家長鼓勵孩子樹立自己的理想，卻非常有助於他們善於想像，並考慮著如何擁有把想像變成現實的能力。

鼓勵孩子爭取機會

一個人要想真正成為具有感召力的「領頭羊」，必須在實踐中不斷地磨練自己掌控全域、指揮若定的能力。父母應該鼓勵孩子積極參加集體活動，支持孩子競選班上幹部、學生會幹部，這些都可以給孩子提供展示自己才能和實際鍛鍊的機會。

鼓勵孩子在班上大膽發言，在他人面前從容地表達自己，也是一項關鍵技能。優秀的表達能力，對他日後在人際關係及生活處事上，將有很大的幫助。

培養孩子的主動性和善於推測的能力

孩子的主動性，就是他生命的動力，一旦被壓抑，不是變得狂野、盲從，就是退縮、拘謹。父母可以在日常生活中，發掘孩子的興趣，引導他們在愉悅的心情下自願並獨立地完成事情。

另外，鼓勵孩子對事情的變化或者未產生的結果做出預測和判斷，養成遇到問題積極思考對策以及有效完成工作的習慣，會使他在無形當中取得別人的信任和支持，成為果斷自信的「領頭羊」。

季辛吉：寬嚴有度，做好父母

所謂「一張一弛，文武之道」，在家庭教育中，這個道理也行得通；鬆緊得當，嚴慈結合，往往更容易達到教育的目的。活躍於美國和世界政治舞臺上的美國前國務卿季辛吉（Henry Kissinger），他的父母對他的教育就是這樣嚴厲而不失慈愛，疼愛而非溺愛。

▌智趣故事

美國歷史上第一個非美國籍的國務卿季辛吉，出生在德國的一個猶太人家庭，他的家庭屬於中產階級的小康之家。幼年時的季辛吉很聰明，愛好活動，也調皮。季辛吉的父親是一位中學老師，教希臘文和拉丁文。他教學認真，一絲不苟，性格略顯拘謹，在家中尤其顯得嚴肅，因此，季辛吉從小就害怕父親。父親對他十分嚴格，提出了很多的要求，做不到就要處罰。在父親不斷地訓導和管束下，他在學習和品德方面做得很好，這對他的一生都產生了良好的影響。

與父親相比，和母親在一起就輕鬆多了。季辛吉的母親性格外向，開朗幽默，她對孩子寬容得多，甚至有點寵愛。季辛吉受到父親訓斥後，總能從母親那裡得到安慰，若是他闖禍了，母親便成了他的「避風港」和「守護神」。他常常在放學後到路上的一家雜貨店，向老闆娘賒幾塊糖吃，然後說：「我媽媽會給錢的。」在學校裡，他參加學生合唱團，還擔任指揮；他最喜歡踢足球且十分貪玩。

有一次，他玩得忘記寫作業，父親氣得不得了，狠狠地訓斥了他一

番。季辛吉想尋求幫助，但看看母親也是一臉嚴肅的樣子。他委屈極了，擔心父母不再喜歡他了，母親這才溫柔地把他摟過來，安慰他說：「因為父親愛你，所以他才生氣，喜歡玩可以，但不能耽誤功課。」季辛吉懂事地點點頭。正是由於母親小小的「庇護」，小季辛吉儘管有爸爸的嚴厲管束，還是度過了無憂無慮的童年。

後來由於德國納粹瘋狂迫害猶太人，一家人不得不輾轉逃往美國。由於家庭的教育和在德國那段時期經歷的民族磨難，季辛吉表現出愈來愈強烈的求知欲，並始終保持著旺盛的探索精神。

歷史評說

季辛吉是幸運的。一個調皮的孩子又正值喜歡調皮的年齡，這樣的孩子該如何管教呢？管得太嚴，孩子個性受到壓抑；管得太鬆，孩子往往會放任自流。季辛吉的父母在教育孩子的問題上，明智地選擇了寬嚴有度，有張有弛。

父親在孩子的日常生活、學習等方面要求嚴格而不是嚴厲；母親教導有方，慈愛而非溺愛。有愛有教，對孩子不好的習慣進行批評，使得季辛吉在嚴謹而不失童年快樂的環境裡，自由地成長。這也正是現代家庭教育中，值得學習和借鑑的地方。

愛護子女是父母的本能，但是對子女切不可溺愛；管教子女是父母的職責，沒有原則的自由便不是自由。孩子年紀小，沒有約束力，任性、貪玩，許多性格和習慣是從小養成的，過了這個年齡，便難以彌補。所以作為家長必然要「嚴」、「愛」有度，加以引導，使孩子養成良好的品德和生活學習態度。

傳統的「高標準」、「嚴格要求」，其宗旨是有利的。但是，一部分父

母在進行「高標準」嚴格教育中，失去了尺度，認為不用尖利的言語，不揮起拳頭就無法觸及到孩子的痛穴。但孩子的內心承受能力有限，絕大多數被「高壓」管教下的孩子，往往產生沉默、抵抗、發脾氣等對立情緒，使孩子與父母之間的隔閡愈來愈深。

當然避免管教過嚴的同時，也不應該不加施教。對孩子有求必應，不批評，不教育，不引導，一味遷就、縱容，其結果必然導致孩子的自私、依賴。就像教育家馬卡連柯所說：「如果你想毒死你的孩子，你就給他喝一劑足量的個人幸福的藥，於是他就被毒死了。」可見溺愛的後果又是何等的嚴重。

▎ 慧寶良方

如何正確地愛孩子和教導孩子呢？應該做到「嚴中有愛」、「愛中有嚴」，正確掌握住愛的尺度，這樣才有利於孩子的健康成長。

尊重孩子的人格和感情

做父母的不要總以為孩子年幼無知，而忽略了對孩子應有的尊重，高興時便把孩子當作「寵物」，百依百順；生氣時孩子又成了「出氣筒」，橫加指責。這樣會使孩子無所適從，傷害孩子的自尊，進而造成其不良的心理。

從教育目的出發，對孩子提出合理的要求

球王比利少年時，一度染上吸菸的習慣。被父親發現後，比利非常害怕，擔心受到責罵，可是父親卻以朋友般的態度對他說：「你踢球很有天分，以後或許能成為一名好手。可是吸菸對身體是有害的，如果因為它而

讓你不能成為球星，你會遺憾的。吸不吸菸由你自己決定。」從此，比利改掉了吸菸的習慣。比利說：「如果當時父親狠狠地揍我一頓，那麼我今天很可能只是個菸鬼。」

可見，真的愛不是無原則的愛，要把愛建立在理智的基礎上，掌握好愛的分寸。對孩子的生活要過問，並加以限制。培養孩子良好的行為習慣和生活自理能力，及時教孩子做一些力所能及的事。

滿足正當的需求，抑制不合理的要求

對於孩子提出的意見和要求，父母要善於傾聽。如果是正當的需要，就給予適當的滿足；反之，就應當拒絕。不要一切以孩子為中心，不要培養孩子在家中的特殊地位，更不要因孩子的無理哭鬧而遷就順從。

嚴格教導，掌握分寸

父母對孩子的教育固然應該以鼓勵、表揚為主，但是，應該批評的時候必須批評。批評的時候應該注意心平氣和，講清楚道理，並予以寬容；不能不考慮場合，大聲吵罵，甚至體罰。

曾經在街上見到過這樣一件事情：一位父親給兒子買了幾斤橘子，離開後卻發現 6 歲的孩子竟然從水果攤上「順」了一個蘋果。那位父親氣急敗壞，眾目睽睽之下，舉手一個耳光罵道：「沒想到你這麼小就學會偷東西了，完了，你這輩子完了！」孩子嚎啕大哭……。

後面的事情可想而知，這個孩子多可憐啊！父親嚴厲的打罵摧毀了孩子寶貴的自尊和自信，留下的可能是一輩子都無法癒合的心靈創傷。

卓婭和亞歷山大：讓孩子學會心平氣和

「教育的根是苦的，但是它的果實是甜的。」是的，每一個孩子的成長，都是從任性到自覺，從幼稚到成熟的過程。父母是孩子的第一任老師，在與孩子朝夕相處的歲月中，最了解自己的孩子。蘇聯有這樣一對父母，就是看到了孩子的壞毛病，及時地加以管教，造就了他們的英雄兒女。

▌智趣故事

卓婭和亞歷山大是一對英雄姐弟，他們在對抗德國的戰爭中，英勇犧牲，他們的母親，也被授為英雄母親。但是有誰知道，亞歷山大小的時候，因為年紀小，加上男孩的調皮，也犯過「任性」的毛病呢？

一天，亞歷山大要在午飯前吃點心，按照常規，點心是在飯後吃的，因此，父母沒有答應他的要求，他便馬上大哭起來，母親見他又哭又鬧，認為這樣下去不行：一次遷就，下次只會有更大的哭鬧；多次遷就，甚至會使孩子的壞習慣鞏固起來，大了以後很難改變，於是夫婦倆互相使了個眼色，決心好好治一治他。

他們見亞歷山大仍然在哭，就帶著姐姐卓婭離開了屋子，把他一個人留在屋裡。亞歷山大只顧哭鬧，沒有留意爸爸媽媽是否還在，還是一直哭，並且不時地喊著：「給我點心！」「給我，我要點心。」但是沒有人答話，他抬起頭來向周圍看了一遍，一個人也沒有，哭了沒人聽，他也就不哭了。過了一會兒，他玩起了木片堆，等到父母回來，他又要開始哭。於

是母親嚴厲地對他說：「如果你哭，我們就把你一個人放在這裡，不和你一起住了。」亞歷山大見父母這次不但不遷就他，還批評了他，也就不吭聲了。

還有一次，亞歷山大在哭的時候，偷偷透過手指縫看父母是否同情他，卻發現父親照常看書，母親照常在工作，誰也不理他。他只好像沒有發生過什麼事一樣，悄悄地止住了哭聲。碰壁幾次後，亞歷山大任性的毛病很快改了。

母親深有體會地說：「孩子哭鬧是個惡習，克服得愈早愈好。克服晚了，教育也就困難了。」

█ 歷史評說

許多家庭中的孩子都有任性、喜怒無常的毛病。亞歷山大也一樣經歷過這樣的階段。亞歷山大年紀小，總是想破壞規矩，用眼淚來征服疼愛他的父母，但是他的辦法卻失靈了。我們看到，面對亞歷山大的任性，母親並沒有採取打罵的方式，而是拒絕他的行為，把他一個人留在屋子裡，不理他，不哄他，當然更不讓步，甚至還批評了他，最後他只有放棄了自己想要什麼就要什麼的想法，並逐漸懂事起來。

經常聽見一些父母這樣抱怨：「我家孩子只要有一點點不合他的心意，他就哭吵個沒完，脾氣比誰都大。」「他認準要做的事，誰勸都沒有用。這樣下去怎麼得了？」為什麼孩子會這樣呢？是因為孩子們為了滿足自己的某種需要，想透過大哭、耍賴、發脾氣來威脅大人。許多家長已經意識到了，孩子壞毛病壞脾氣不改，不僅僅是讓家長心煩、「頭疼」，造成了被動的局面，也將對孩子以後的成長造成很大障礙。

電視上曾播出過一個父親尋找離家出走女兒的節目。造成孩子出走的

直接原因是，父女倆在做作業和出去玩的問題上產生矛盾，得不到父親讓步的女兒一氣之下，竟然摔門離去，再也沒有回來。悲劇發生後，父親想起孩子小時候，想要什麼東西如果得不到就哭鬧不停，自己因為女兒小就一味遷就她，結果造成了孩子任性的毛病，現在父親懊惱不已，老淚縱橫。

因此，任性、喜怒無常的孩子應該引起家長特別關注。那種任憑孩子無理取鬧，卻幻想著他成熟之後就會自然改變的想法並不現實，結果終將以家長喪失權威而收場。「孩子是要人教的，毛病是要人醫的」，否則家長輸掉的可能不僅僅是權威，還有教育的果實。

父母們在開始想盡辦法「對付」變幻莫測的孩子時，是否認真地思考過一個關鍵的問題——孩子怎麼得了壞脾氣「病」呢？一般來說，一是因為當孩子向家長提出一些過分要求時，家長只是蠻橫地加以拒絕，孩子沒有明白為什麼自己的心願不能實現，理所當然不讓步；另一方面則是家長「培養」的結果，遷就放任孩子，對孩子的要求一味滿足，使孩子自我中心意識過度膨脹。

慧寶良方

找到了原因後，或許家長可以從以下幾個方面著手，培養出一個懂事的孩子。

暫停，不予理睬

上文中亞歷山大的母親採用的就是這一方法。孩子發脾氣的目的就是為了實現自己的心願，因此，父母可以視而不見，任他自己哭鬧。等他鬧夠了鬧累了，見父母還是不理睬自己，就會感到眼淚並非攻無不克的法寶，也並不能達到目的，慢慢地就只能扔掉這個「法寶」了。

耐心勸導，適當地「懲罰」

面對孩子的非分要求，如果家長置之不理仍然不能讓孩子善罷甘休，家長可以對孩子講道理，進行說服教育，讓孩子明白為什麼爸爸媽媽不能答應他提出的要求。

如果他仍然亂發脾氣，那麼等孩子平靜下來，家長可以刻意對他保持「冷漠」，讓孩子為自己無理取鬧惹父母不高興的行為內疚，並保證以後不再這樣發脾氣。

以「群」制「獨」

現代家庭關係多為 1 ＋ 2 ＋ 4（即一個孩子，兩個父母，四位老人），長輩無條件的寬容和遷就，很容易讓獨生子女陷入「自我」的情緒中，不懂得忍讓和分享。所以應盡可能讓他和同伴一起玩耍、活動，比如經常帶著孩子出去玩，邀請鄰居的小朋友到家裡等等，在群體當中保持好的自然天性。

艾科卡：樂觀性格，提高挫折「免疫力」

「樂觀的人，在每一次憂患中，都能看到一個機會；而悲觀的人，則在每個機會中，都看到某種憂患」。可見，樂觀對於一個人是多麼重要。美國企業界的傳奇人物李．艾科卡（Lee Iacocca），就是這樣一個人。他樂觀豁達，憑著驚人的才幹和強烈的事業心，不僅在三年內使瀕臨倒閉的克萊斯勒公司轉虧為盈，還償還了政府 12 億美元的貸款。可當人們向他表示祝賀的時候，他念及的是他最尊重的老父親，並稱他是「對我一生影響最大的人」。

▌智趣故事

艾科卡的父親尼古拉，是個天生的「樂天派」。正如艾科卡所說：「家境不好的時候，使我們精神振作的是父親。不管發生什麼事情，他總是安慰我們。」

早在艾科卡學生時代，每當他考試成績不好，或者因為其他不如意的事情而心煩意亂的時候，父親便會對他說：「人生總要有點煩惱。沒有比較，你永遠不會真的知道什麼是快樂。」他還想辦法逗兒子開心，例如問他：「你上個月的今天為什麼不高興？去年呢？看，你根本記不清楚了！可見你今天的煩惱也不那麼要緊吧！不要再想它了，關心關心明天的事吧！」

而當艾科卡遇到大的困難和挫折，深感前途黯淡時，尼古拉仍然會對他說：「現在看來糟糕透了，但不要忘記，這也會過去的。」隨後又信心

十足地鼓勵他：「耐心點，太陽快要出來了。太陽總要出來的！」

　　受父親的影響，艾科卡 16 歲就開始和汽車打交道，而且開的是福特汽車公司的產品。艾科卡大學畢業時，福特公司決定在全國 50 所大學徵聘職員，每所挑選一個學生。艾科卡對此很不滿，他幽默地調侃道：如果牛頓和愛因斯坦是同班同學，福特公司卻從兩者中選其一，豈不太蠢！正當他滿腹牢騷時，福特公司卻選中了他。

　　1978 年，身為福特公司總裁的艾科卡突然被福特董事會解僱，致使他的情緒一落千丈。他曾為此回憶道：「那一陣子，我感到相當痛苦。」但他想到父親當年說的話，便很快穩定了情緒，隨之「加倍努力，工作得更加起勁」。當艾科卡赴任克萊斯勒汽車公司總裁之位後，面對公司債臺高築、百孔千瘡的現實，他甚至產生「打退堂鼓」的想法。但他始終依靠父親那句他最喜歡的話，使自己保持頭腦清醒，並採取了一系列有效措施，終於如願以償，使克萊斯勒公司起死回生、重振雄風。

歷史評說

　　誰能做到遭遇困難時「不以己悲」，誰就是生活的強者。艾科卡的成功，應了父親的話——「太陽總要出來的」。

　　快樂是一種香水，灑在自己身上，散發出的香氣別人也會感受到。尼古拉本是一個快樂、精力充沛的人，他開朗，充滿信心，面對貧窮的家境和複雜多變的生活總能泰然自若。這樣的性格深深影響著兒子樂觀精神的形成。同時，他在兒子遭遇事業變遷所表現出來的鎮靜和鼓勵，對艾科卡一次次攻克難關、轉敗為勝，發揮了極為重要的作用。

　　我們都知道，樂觀向上的情緒不僅是迷人的性格特質，也能使人對生活中的許多困難產生「免疫」。作為一個生活在高速運轉社會中的人，學

會保持樂觀、開朗的情緒是非常必要的。

但最近，一份來自小學生的問卷調查的結果顯示，50%以上的學生有「憂慮憂鬱、煩惱多、緊張困擾」的情況，72%的學生遇到困難表示出消極的態度。這引起家長們的恐慌，是什麼使我們的孩子這麼消極悲觀？讓我們來看一看吧：

父母對孩子要求過高，一旦達不到預期的目的，就責罵孩子蠢笨，沒出息；對孩子的心思不了解，對於孩子說的話做的事，半信半疑；過分遷就孩子，什麼事情全由父母包辦；還有一些父母由於某些原因，意志消沉，悲觀厭世，孩子則沉默寡言，不思進取、頹廢等等。這些，還不足以摧毀孩子積極樂觀的心性嗎？

中國的家長常常更注重智力教育，而忽視培養孩子快樂的性格。這導致時下青少年心靈脆弱，不能正確面對複雜多變的社會，自暴自棄，甚至引發自殺或犯罪率上升的一個原因。

慧寶良方

相信家長此時也意識到了健全、樂觀的性格才是孩子順利成長的保障。孩子的樂觀性格並非與生俱來，但卻可以後天培養，關鍵是家長所採取的方式。

✧ **家長要有樂觀的思維模式**：關於樂觀，法國作家阿蘭（Alain）說過：「煩惱是我們患的一種精神上的近視症，應該向遠處看並保持積極樂觀的心態，這樣我們的腳步就會更加堅定，內心也就更加泰然。」如果這會兒下雪了，作為父母，最好不要說「該死的天，又下雪了」，因為這樣說並不能改變下雪的事實。當然，就算說「太好了，又下雪了」，也不能使雪發生任何改變，可是如果把這種話說給孩子聽，情

況就大不一樣！「瞧，太好了，又下雪了！多美啊！可以打雪仗、堆雪人」，這樣就會把快樂傳遞給孩子，讓他無論面對何種環境，都能保持一種愉悅的心情。

✧ **培養孩子保持愉快的思想**：孩子的成長，是一個不斷遇到挫折、不斷改善的過程。父母應該在日常生活中，培養孩子獨立、堅強、勇於面對錯誤和困境的性格，幫助他恢復自信，孩子才會用積極、進取的心態，微笑地面對生活。

✧ **培養成孩子快樂的習慣，少苛求別人**：孩子有時候會向父母抱怨與朋友或者其他人之間的矛盾，父母要讓孩子學會坦然地接受並理解別人的錯誤、失敗，多想一些快樂的時光，沖淡眼前的不快樂，恢復平時樂觀的精神。

✧ **培養孩子的幽默感**：美國著名喜劇演員威爾森（FlipWilson）曾經說過：「幽默是生活中的七彩陽光，沒有它，就沒有我五彩繽紛的童年，也沒有我充滿歡聲笑語、幸福無限的家庭。」歡樂是精神上的靈丹妙藥，父母在教育子女時，若能做到幽默風趣、循循善誘，將收到事半功倍的效果。孩子具備了幽默的性格，會吸引更多的同伴，享受到更大的快樂。

✧ **讓家裡成為生產幸福、快樂的基地**：爽朗的笑聲是「家庭中的太陽」，和諧、快樂的家庭是孩子擁有樂觀、健康心態的源頭。一個笑聲不斷、風趣幽默的家庭，最能培養出孩子樂觀的性格和進取的精神。

瑪格麗特・柴契爾：樹立孩子的自信心

古代的大詩人李白曾經寫下「天生我材必有用」的豪言壯語。的確，無論做什麼事情，你的態度決定了你的高度。被世界政壇譽為「鐵娘子」的瑪格麗特・柴契爾夫人就是從充滿自信的小女孩成長起來的，而對她影響最大的，是他的父親阿爾弗萊德・羅伯茲（Alfred Roberts）。

▋智趣故事

瑪格麗特出生於英國的一個小鎮。父親羅伯茲是當地議會的議員，他自學成才，靠自己的人品、才幹及不懈的努力，成為格蘭瑟姆市（Grantham）市長。

父親自信、自強的精神一直影響著瑪格麗特。他從不因為自己沒有受過高等教育而向對手認輸；另外他對瑪格麗特的家教是很嚴格的，父親要求她從小幫忙做家事，10歲時就在雜貨店站櫃臺。在父親看來，這些都是孩子力所能及的事情，所以不允許女兒說「我做不了」或「太難了」之類的話。父親還常常告誡她千萬不要盲目迎合他人。

瑪格麗特所在的學校經常請人來演講，每次演講結束，她總是第一個站起來大膽提問。不管她的問題是比較幼稚，還是比較尖銳，她總是充滿好奇地脫口而出，而其他的女孩則怯生生地不敢開口，只是面面相覷或抬眼望著天花板。回家後，父親聽了瑪格麗特的彙報後，總是鼓勵她：「孩子，妳有這樣的信心，我真為妳感到驕傲，妳一定會成為一個出色的辯論家。」

　　父親不斷的鼓勵使瑪格麗特對自己的口才充滿了自信。但老實說，當時瑪格麗特的演講技巧一點也不高超，用她同學的話說是「根本不能振奮人心」，瑪格麗特卻毫不顧忌，一有機會就滔滔不絕上臺演講。

　　有一次，因為她講的內容大家不感興趣，而且又講了很長時間，臺下噓聲、諷刺嘲笑隨之而起。可是瑪格麗特自信好強的個性使她根本不把這些放在眼裡，依然面不改色地演講下去。許多同學不理解她的這種個性，她就堅決地告訴人家：「因為我相信總有一天我會講的非常棒！」

　　同時，羅伯茲發現了瑪格麗特的政治熱情，更開始注重她這方面的培養，終於使她成為歐洲政壇一顆耀眼的明星。

▌歷史評說

　　瑪格麗特所在學校的校長評價她說：「她無疑是我們建校以來最優秀的學生，她總是信心十足的，每件事情都做得非常出色。」這與瑪格麗特做什麼事情都用一種勇往直前和必勝的信念態度是分不開的。

　　永遠不許說「我不能」、「太難了」，對於年幼的孩子來說，這樣的要求可能太高了，但正是因為父親這種「殘酷」的教育，培養了瑪格麗特積極向上的決心和信心。羅伯茲用自己的經歷和行動，證明給女兒看，自信的態度是多麼重要。他鼓勵她，肯定她，引導她，使得她能夠絲毫不受別人的影響，遙遙領先於那些左顧右盼的人。

　　相信自己能夠成功，往往自己就能成功，這是人的意識和潛意識起了作用。在這種自信心的驅動下，他們勇於對自己提出更高要求，並在失敗中看到成功的希望，鼓勵自己不斷努力，最終獲得成功。

　　但是你的孩子是否開始受到這樣的困擾：遇到一點困難就猶豫不決；總是覺得自己會失敗；消極悲觀等等。這些是與生俱來的嗎？曾經有一項

調查全球兒童自信心的研究發現，美國有 96.3% 的孩子對自己頗具信心，英國 89.3%。

難道亞洲兒童生下來就比人家自信心差嗎？當然不是！而是在早期教育上出了問題。在調查中發現，給孩子鼓勵和讚揚最多的是美國父母，而最少的恰恰是亞洲父母；另外父母的過度呵護，也成了自信的障礙。還有些孩子在他們有上進心時，沒有得到肯定和誇獎，或者一做錯了事情，就被父母斥責。這樣一來，孩子就對自己的行為產生懷疑，思想開始動搖，逐漸變得缺乏自信心。

▌慧寶良方

自信將在人生的成功和失敗中繼續建立和接受考驗。儘管一切才剛剛開始，但自信是在人的孩提時期奠基的。

- ✧ **多一些承認**：孩子還小的時候往往透過家長來認識自己。給予和找回自信是每個家長都能做到的。若經常說孩子長得漂亮，孩子就會認為自己很漂亮；經常以信任的口氣說孩子「可以」，孩子就會認為自己「可以」，就能樹立信心。身為父母或許沒有意識到，這可以對孩子產生和建立自愛、自信有著很大的作用。

- ✧ **多一些鼓勵**：所有的教育都在微妙的平衡中，對孩子的要求不能太嚴厲，也不能太不嚴厲。但是可以肯定的是，父母鼓勵和強調孩子的成功會使他每次都多做一點。但如何表揚他們，又不讓他們感到自大？當然不能濫用表揚。對他取得的成績恰如其分地誇獎，同時也要指出可以改進的地方，孩子就不會成為狂妄自大的人，相反，他會懂得自己身上有值得肯定的一面，失敗了一次，並不意味著將來永遠失敗。

- ✧ **少一點責備**：孩子畢竟能力有限，你的指責不會產生激勵他的作用，

反而會使他懷疑自己的能力，更加糟糕的是，從此循環下去。

✧ **不否定**：也許你的孩子讀書並不用心，但是他唱歌很好聽。那麼不要老對他嘮叨，說他一生都不會成功；而是要對他說，他將來會成為音樂家。

「不否定」真的有如此威力嗎？美國一位著名的外科專家，自幼患了一種學習障礙，一看到作業本上滿本的錯誤，他的頭就脹得很大，無論怎樣努力，還是做不對。四年級時換了一位數學老師，新老師拿起他的作業本，親切地說：「你太粗心了，我們再寫一遍。」第二遍還是沒對，可老師卻在本子上打了幾個勾。他激動得幾個晚上睡不著覺，這對他來說太重要了。後來在老師的幫助下，他竟迷上了數學。

成功是屬於那些有成功意識的人。不妨用這「兩多、一少、一不」的方式對待孩子，相信不久的將來，迎接你的將是他充滿自信的笑容。

普利特維拉：從小培養孩子的獨立意識

有句老話，叫做「大樹底下好乘涼」，意思就是說一個人依賴另一個人的保護，就可以生活得很好。但是生活終究要由自己來創造，父母不可能充當孩子一輩子的保護傘。培養孩子的獨立意識，才能讓孩子在以後的打拚中堅毅而頑強。

▌智趣故事

印度著名演員普利特維拉（Prithviraj Kapoor）和拉吉（Raj Kapoor）紅極一時。在電影《流浪者》中，普利特維拉扮演的是充滿偏見的法官，生活上卻是拉吉的好父親。

在普利特維拉成為赫赫有名的明星之後，兒子拉吉也神氣起來，他總是對別人說：「你們總該知道我父親普利特維拉吧」，還請求父親送他一部汽車，但都被普利特維拉拒絕了。

一次，普利特維拉不在片場，拉吉擺出一副很權威的樣子，開始對演員指手畫腳起來：「這句臺詞不該是這樣讀的，你們應該說……」普利特維拉知道後，非常生氣，他不願看到自己的兒子仰仗父親而驕傲，於是嚴肅地對拉吉說：「在我的房間你是我的兒子，可以和我一起吃飯一起聊天，但一出房間，你就是一個普通的人，和許多普通演員一樣，生活之路，自己去走。你要是真有本事的話，就靠自己的能力出人頭地。」

為了激勵兒子獨立生活，他還給拉吉講述自己開拓事業的經歷，並與兒子約法三章：第一，不許兒子到處宣揚自己是普利特維拉的兒子；第二，

不許放縱無度，不准私自駕駛父親的汽車外出遊蕩；第三，不許一登臺就演主角。

漸漸地，拉吉在學習的過程中，明白了父親嚴格要求的用意。他開始在任何場合都不披露自己的身分，刻苦讀書，勤學苦練表演基本功，從三流角色開始演。有人曾經勸普利特維拉，憑藉已有的名聲地位，只要對兒子稍加提攜，他就可以成名了。對於這樣的勸說，普利特維拉嚴肅地回答：他應該自己去尋求發展，否則即使拉吉天賦再高，也會慢慢毀滅的，那不是愛護他，而是毀了他。

在父親的不斷激勵和嚴格要求下，拉吉一步步登上了藝術表演高峰，他在《流浪者》中扮演的拉茲轟動了整個世界。

▍歷史評說

普利特維拉「冷酷」得幾乎不近人情，他不許兒子用自己的汽車，不許兒子宣揚父親的名字，不許他當主角，不提攜他。這麼多「不許」其實就是不讓兒子沾自己的「光」，培養他的獨立意識和能力，使得拉吉學會了用自己的實力在社會上生存。可以想像，拉吉如果繼續仰仗父親的餘蔭，可能早就被現實生活的殘酷擊垮了。

國外的習慣和教育與國內明顯不同。國外的小孩七八歲就開始洗碗盤，18歲就要離開家出去自己賺錢養活自己，即便是不搬出去，也要付房租給家裡。因此，毫不隱諱地說，他們長大成人後看起來更有主見，適應能力也更強一些。

相對於國外，國內的家庭可能顯得更有人情味一點。從小學到大學，只要是家長能做的就都做了，就連畢業後找工作，父母也都盡量安排得妥妥當當。孩子就像藏在育兒袋裡的小袋鼠，來到什麼地方，那是家長的

事。家長是無私的，但他們忽略了孩子獨立的人格和本身成長發展的需要。這種環境下長大的孩子，即便是人高馬大，儀表堂堂，行動上卻可能難以擺脫軟弱、缺乏勇氣和能力、沒有主見、任人擺布的命運。

如果我們深入探索，家長們的動機中，有沒有期望孩子將來能「投桃報李」的想法呢？即便是有這種想法，孩子將來又是否有能力做到呢？倘若把忽略獨立意識的培養上升到一個民族，危害則更是不堪設想。

▍慧寶良方

獨立是成長的象徵，從「獨生」到「獨立」，是一個走向社會的過程。家長如果真的愛自己的孩子，就應該及早地讓孩子學會獨立生活。

✧ **培養孩子的獨立意識，首先是心理上的獨立**：教育專家認為：要讓孩子養成自立、自強、獨立的品格，需要愛護孩子的獨立意志。孩子是一個獨立的個體，不論他們的年齡多小，他們也有獨立的意願和思維。因此要尊重孩子的獨立意志，為他提供一個良好的、寬鬆的生長環境，讓孩子在自己的選擇、自己獨立的計畫中長大。

✧ **戒掉「溺愛」這味甜蜜的毒藥**：教育家木村久一提到：「有一種母親，把孩子視為寶貝，怕孩子跌倒摔傷不讓孩子滑冰；怕孩子溺水不讓孩子划船和游泳。這種教育方法只會使孩子成為廢人。」倘若不願孩子將來一無是處，家長要少溺愛孩子，他會更健康。

✧ **積極地回饋，讓孩子意識到自己的力量**：父母對孩子的獨立作業應作出及時的回饋，這會使他們信心倍增。在必要的時候，盡可能地為孩子的獨立活動創造一個安全的環境，內緊外鬆，不要讓孩子感到一切都在父母的監控之下，這樣很容易把他的主動性磨蝕掉。

✧ **不傳財富傳能力**：參天大樹總會從枝繁葉茂到枯枝殘根，到了那一

天，孩子要去哪裡「乘涼」？宋朝時期的清官寇準只是傳家傳業，卻不重視傳能力，導致子孫後代沒有謀生能力，揮霍無度，而家道衰敗。民國時期的馮玉祥將軍對此便很有見解，他主張讓兒女自立，他常教育子女說：「作為你們，最要緊的是學本事，學能耐，自己要先能站定，然後盡力去幫助別人。」

明智的家長，要想讓子女有理想的生活和事業，幫助他們「善其事」、「利其器」才是英明之舉。

大江健三郎：給特殊孩子的特殊關愛

　　誰都希望自己的孩子能夠健康聰慧，能夠成才，但是生活中許多事情是不能選擇的，當不希望的事情來臨的時候，唯一的辦法不是逃避，而是面對，為你的孩子撐起和其他孩子一樣藍的天空。一個名叫大江光的癲癇病人，就是在父親的呵護鼓勵下，創造了奇蹟。

▌ 智趣故事

　　大江光一出生，便被診斷為先天性癲癇病，智力低下，口不能說。他的父親，是日本著名作家大江健三郎。醫生認為這個孩子是無藥可救了，他發病的時候全身抽搐，口吐白沫，舌頭常被自己咬出鮮血來。但是父親絲毫沒有放棄對兒子的治療，他翻閱了大量有關癲癇病的書籍，走訪了全國的知名醫院，終於幫助大江光頑強地生存了下來。

　　大江健三郎還十分重視孩子的成長。他認為大江光也有自己的想法，有和其他孩子一樣的權利。因為疾病的困擾和語言的障礙，大江光顯得有點自卑和孤僻，父親看到了，便滿懷深情地對他說「沒關係，和他們玩吧，你和他們沒什麼差別。」

　　大江光很小的時候，父親欣喜地發現，每次兒子聽見音樂的時候，都會特別陶醉沉靜，有時，甚至跟著樂曲發出一連串不清晰的聲音來。他想，兒子雖然不能正常地表達想法，但是他在不發病的情況下，其他方面都是正常的，何況他又那麼喜歡音樂。

　　但是，沒有人相信大江光也可以接受正常的教育，他們認為他連話都

不能說，怎麼能夠學習？大江健三郎可不這麼想，他找來了老師，輔導兒子使用樂器、譜曲。這期間，大江光的病曾多次復發，但他每一次的退縮，父親都嚴肅地對他說，「不要把自己當病人，別人能夠做到，你也一樣能夠做到。」

在父親嘔心瀝血的幫助和自己的努力下，大江光在 28 歲那年把自己所創作的作曲集發行出版，並在當年的排行榜中名列前茅。1993 年，大江光癲癇病嚴重發作，母親憂心忡忡地說：「這是他有生以來發作最嚴重的一次，以後恐怕再難譜曲了。」然而一年以後，在父親的激勵下，大江光創作熱情重振，第二張創作 CD 也成功地發行，轟動了日本。

▌歷史評說

有人說：當上帝為你關上一扇門的時候，一定會為你打開另一扇窗。大江光的經歷帶給我們兩個啟示：一是孩子在這方面殘缺，在另一方面，或許有不同凡響的理解力，這就需要父母去發現和引導；二是愛可以戰勝一切。

大江光的出生是不幸的，又是幸運的。不幸的是因為疾病纏身；幸運的是，父親並沒有將他置之不理，而是在殘疾兒子的身上傾注了更多的深情。他愛兒子，鼓勵他不要畏懼先天的疾病，並竭盡全力說服兒子錄製音樂，讓他擁有一顆健康、充滿活力的心靈和一份屬於自己的事業。參加大江光 CD 錄音製作的演奏家小泉浩深有感觸地說：「他的曲子熱情、奔放，人們欣賞他的心曲，備受感染。」這與其父的精心哺育是分不開的。

每一對父母在迎接孩子出生前，最關心的是他是否健康，而不是他是否漂亮。我們經常為媒體報導的由於有缺陷而被拋棄或虐待的孩子感到痛心，同時也會被那些戰勝身體條件有超水準表現的孩子所震驚。在這樣鮮

明的對比中，家長的態度，成了最為關鍵的一點。好比把不會游泳的人扔在水中，前者又為他綁上了一個石頭，使之沉入水底；後者扔給他一個正好合適的救生圈，透過不懈的努力他就游上了岸。

當然，按人之常情，沒有哪個家庭在承受這樣壓力的情況下，還整日笑顏逐開，於是放棄與憐憫兩種感情常常伴隨著孩子的成長。家長往往忽視了一點，孩子小的時候，並不會有自己與其他孩子不同的概念，他們是透過察言觀色，才知道自己的不一樣有多麼重要。大人隨情緒而變化莫測的情感，讓孩子摸不著頭緒，總是處於提心吊膽的困境裡；大人的愛一旦成了施捨，他們又會受寵若驚。也就是說，家長的情緒左右著孩子的成長。

▌慧寶良方

如何幫助特殊孩子在逆境中尋找快樂，是家長們最關注的問題。

父母的愛是最重要的

愛能夠創造一切，父母之愛能夠幫助孩子用毅力和勇氣爭取自己的成功。即便是正常的孩子，也需要父母的愛心，更何況特殊的孩子！家長不妨多給他們一些關愛和鼓勵，多一些交流，講道理，引導他們做自己喜歡的事情。培養孩子做事情的勇氣、毅力、恆心，將帶給他們樂觀生活的精神。

家長的精神和情緒不要有「病」

能成材固然開心，過普通的生活也不難過，只要他的個性充分發展，身心快樂就值得欣慰。但是也有許多父母想不開，別人家的孩子聰慧可

人、活蹦亂跳成了他們的痛點，再看看自己的孩子，一種不平衡的感覺頓時湧上心頭。

曾經有這樣一個家庭，夫婦老來得子，高興得不得了。不料幾個月後發現孩子天生耳聾。從此夫妻倆總是相互指責和埋怨，甚至稱孩子為「啞巴」。10 歲那年，他們把孩子送去了聾啞學校，想眼不見心不煩。結果一個暑假的一天，孩子再也沒有回家。這時他們才發現失去兒子遠比他不會說話傷心得多。

不要給過多的愛與憐憫

大人們對孩子表現出過多的憐憫，對培養孩子的意志和自信心是有害的。孩子為自己難過才是最可怕的，這種心理下，他們面對困境，不是想辦法站起來，而是等著別人來安慰。

在一個盲人學校中，有一對家長對孩子的關心卻阻礙了老師的教育。他們每次去孩子的學校，都帶著大包小包好吃的，來了就幫孩子洗衣服，走的時候依依不捨，生怕孩子在學校受氣。過分的愛讓孩子變成不會洗衣服，平時吃東西挑食偏食，只吃家裡帶的東西，性格也變得更靦腆，學習也比正常的進度慢了許多。

家長的愛是好意，是對孩子的支撐，但請不要在他們該走路的時候，綁住了他們想要邁出的腳。

比爾蓋茲：以興趣激發孩子的潛智

孩子都有不可估量的智慧，這種潛能一旦被激發，便可能造就一代天才。一個書寫了人類創業史上的神話，一個當之無愧的電腦英雄，一個20世紀家喻戶曉的奇才比爾蓋茲，他的成功便得益於幼兒時期家長對其智力的開發。

▌智趣故事

比爾蓋茲從小就精力過人，極愛思考，一旦迷上某件事情便能全身心投入。在他的成長過程中外祖母對他產生過重要的影響。外祖母很喜歡和小蓋茲玩智力遊戲，在她眼裡，玩遊戲不是無意義的消遣，而是技能和智力的鍛鍊。

他們玩跳棋、玩牌、打橋牌等。玩遊戲的時候，外祖母總愛對比爾蓋茲說：「盡量想！盡量想！」她也常常為蓋茲下一步好棋、打一張好牌而拍手叫好。這些遊戲大大激發了蓋茲思考的潛能。

外祖母還常常給蓋茲讀書、講故事，蓋茲從中受益匪淺。在外祖母的幫助和指導下，小蓋茲的閱讀興趣日益濃厚和廣泛。而當祖孫倆一起在公園散步時，外祖母便會與外孫交流棋藝或是閱讀某篇佳作後的體會，培養他的思考能力和表達能力。正是在這種磨練中，蓋茲一天天成長起來。

比爾蓋茲的父母也十分關注兒子的成長，他們支持兒子參加各種有益的活動。父親是律師，母親是教師，他們工作之餘總是盡可能與孩子待在一起，一家人不斷地玩各種遊戲，從棋類到拼圖比賽，幾乎所有的益智遊

戲都玩遍了，隨著年齡的增長，家庭環境已經愈來愈無法滿足孩子的發展了。於是，父母開始把目光投向社會，尋找更能啟發兒子潛力的廣闊舞臺。他們鼓勵蓋茲參加一家圖書館舉行的夏季閱讀比賽，而蓋茲總能贏得男孩中的第一名，偶爾還會得總冠軍。讀小學六年級時，在父母的幫助下，小蓋茲又參加了西雅圖當代的俱樂部。在這個俱樂部裡，他和同齡的孩子們一起討論時事、書籍和其他問題。蓋茲常以獨到而深刻的見解博得大家的喝彩。

蓋茲在一所私立中學畢業後，很想到哈佛大學讀書，這也正是父母的最大心願，但在科系選擇上，父子倆卻發生了分歧。最後，父母還是對兒子選擇學習電腦做出了讓步。連他的父母也沒有料到，比爾蓋茲這次的選擇，改變了他的一生，奠定了他成為 IT 巨人的基礎。

▎歷史評說

比爾蓋茲是 20 世紀的風雲人物，他頭腦聰明，思維敏銳，做事果斷而堅決，可以說，比爾蓋茲的成功，是個人天賦與家庭教育的共同成果。

蓋茲小時候就表現出過人的天分，外祖母意識到他在思維與記憶方面超乎常人，就利用各種機會去進一步啟發他這方面的潛能，比如棋類等益智遊戲、閱讀文學書籍等，父母也不辭辛苦地為開發他的潛力而投入各種工作，鼓勵他參加閱讀比賽，尋找適合他天賦發展的社團和學校，為他的發展注入了源源不斷的活力。

從某種意義上講，每個孩子都是天才，他們像一座座儲量豐富，但有待開發的寶礦，蘊藏無盡的智慧。但是這種智慧潛能就像礦藏一樣，需要開採、需要激發。正如一位知名教育學家說的：「孩子的表現不如父母的意，老師覺得孩子教不會，其實這是因為大人還沒有找到正確的方法開發

孩子的智慧潛能。」從當今成名於世的諾貝爾獎得主、科學家、藝術家的成長歷程來看，絕大多數人的能力都是在後天得到了很好的啟發。

家長們都對自己的孩子充滿期盼，當看到別人的孩子表現傑出時，不少家長常會埋怨自己的孩子技不如人，不聰明，或者是再給孩子施加壓力。但是開發智力不意味著單純地傳授知識，更不是讓孩子除了上課、作業、分數什麼都不去想。人的聰明才智是要透過後天教育才能獲得，由淺入深，一點一滴地累積起來。對孩子智力開發得晚，自然就讓他原有的天分「睡著了」！

▌慧寶良方

因此，要想讓孩子出類拔萃，必須重視開發孩子的智慧潛能，這是每一位家長應當努力去做的。

發現是激發孩子智慧潛能的重要一步

父母要在日常生活中，注意觀察孩子的行為舉止和喜好。在他玩耍、閱讀、遊戲時，可以察覺出他雖不愛繪畫卻喜歡彈琴，雖沒有耐心卻有創意，雖不善邏輯思維卻愛好寫作。根據這些蛛絲馬跡歸納出孩子的性格取向，進行積極的引導，並鼓勵孩子提問，這對激發孩子的智力興趣非常有好處。

重視閱讀對開發智慧的作用

美國一位研究人員花了 20 多年時間，對 205 名公認為聰明的孩子進行研究，發現這些孩子有一個共同特點：他們的父母很早就開始讓他們讀書，並使他們養成了熱愛閱讀的良好習慣。

　　德國偉大的詩人歌德，人們都稱他為天才，事實上，他能取得如此成就，主要靠父母對他的教育。歌德還是嬰兒的時候，父母就經常講故事給他聽，朗誦詩歌，後來歌德能夠自己閱讀的時候，仍然保持著這個習慣。

　　所以我們的家長應該注意，儘早幫助孩子養成讀書的好習慣，使孩子養成勤於思考、善於想像，增強孩子的記憶力、注意力以及語言等各方面能力。

用遊戲和玩具開啟智力的大門

　　對於孩子來說遊戲不僅是玩，更是「學習」和「工作」。有些家長只顧不停地買玩具給孩子卻很少陪孩子玩，這種做法是錯誤的，因為孩子只玩玩具卻得不到知識，會讓孩子感到無聊、厭煩，當然就出現了「玩具買了一大堆，就是不玩」的狀況。

　　家長和孩子共同玩一些有益的遊戲和玩具，不但會使氣氛其樂融融，而且對刺激孩子想像力和思考力有重要的作用，進而培養孩子的好奇心、動腦習慣，鼓勵他對事物進行新的探索，而不是停留在已經明白的事物上。

綜合開發孩子的多種智慧

　　一些家長熱衷於讓孩子參加智力測驗，以此來判斷孩子是否聰明，這樣做是片面的。在一次心理學教授對賽馬場上的賭徒進行的調查中發現，他們中很多人的智商在 80 以下，但他們抽象推理的能力則讓智商高達 130 的人都自嘆不如。

　　這說明智力測驗得分不高的人，也能發展成為具有特殊才能的人。每個人都具有語言智慧、音樂智慧、邏輯與數學智慧、身體動覺智慧、空間

想像智慧、人際智慧、洞察自身的能力等多種智慧，如果家長能夠傾聽孩子的話，琢磨他的內心世界，掌握積極向上的因素，給予孩子應有的鼓勵與開發，那麼絕大部分孩子都至少可能發展其中的一種智慧，為將來的成功打下扎實的基礎。

偉大父母的家教術，凡人能學的育兒書：

曾參不打誑語、海瑞之母以孝育子、洛克斐勒家族理財啟蒙……66位大人物，古今中外家教書

編　　著：胡彧

發 行 人：黃振庭

出 版 者：崧燁文化事業有限公司

發 行 者：崧燁文化事業有限公司

E-mail：sonbookservice@gmail.com

粉 絲 頁：https://www.facebook.com/
　　　　　sonbookss/

網　　址：https://sonbook.net/

地　　址：台北市中正區重慶南路一段六十一號八
　　　　　樓 815 室

Rm. 815, 8F., No.61, Sec. 1, Chongqing S. Rd.,
Zhongzheng Dist., Taipei City 100, Taiwan

電　　話：(02)2370-3310

傳　　真：(02)2388-1990

印　　刷：京峯數位服務有限公司

律師顧問：廣華律師事務所 張珮琦律師

國家圖書館出版品預行編目資料

偉大父母的家教術，凡人能學的育兒書：曾參不打誑語、海瑞之母以孝育子、洛克斐勒家族理財啟蒙……66位大人物，古今中外家教書/胡彧 編著．-- 第一版．-- 臺北市：崧燁文化事業有限公司，2023.07
　面；　公分
POD 版
ISBN 978-626-357-482-3(平裝)
1.CST: 家庭教育 2.CST: 親職教育
3.CST: 人物志
528.2　　112009793

定　　價：370 元

發行日期：2023 年 07 月第一版

◎本書以 POD 印製

電子書購買

臉書